刘丽华 魏玉君 著

非遗学术图书影响力分析研究

FEIYI XUESHU TUSHU YINGXIANGLI FENXI YANJIU

陕西新华出版
太白文艺出版社·西安

图书在版编目（CIP）数据

非遗学术图书影响力分析研究 / 刘丽华 , 魏玉君著 . --西安 : 太白文艺出版社 , 2024. 12. -- ISBN 978-7-5513-2874-6

Ⅰ . G256.1

中国国家版本馆 CIP 数据核字第 20249JN465 号

非遗学术图书影响力分析研究
FEIYI XUESHU TUSHU YINGXIANGLI FENXI YANJIU

作　　者	刘丽华　魏玉君
责任编辑	崔萌萌　张熙耀
装帧设计	张洪海
出版发行	太白文艺出版社
经　　销	新华书店
印　　刷	西安盛业印务有限公司
开　　本	787mm×1092mm 1/16
字　　数	200 千字
印　　张	14.625
版　　次	2024 年 12 月第 1 版
印　　次	2024 年 12 月第 1 次印刷
书　　号	ISBN978-7-5513-2874-6
定　　价	58.00 元

版权所有　翻印必究
如有印装质量问题，可寄出版社印制部调换
联系电话：029-81206800
出版社地址：西安市曲江新区登高路 1388 号（邮编：710061）
营销中心电话：029-87277748　029-87217872

目　　录

绪论 ··· 001
　（一）传统文化复兴催生非物质文化遗产研究（1998—2003） 004
　（二）理论构建与实践应用阶段（2004—2011） ················· 005
　（三）非物质文化研究的全面推进与深化（2012—2020） ······ 007
　（四）新时代转型与创新阶段（2021年至今） ·················· 011

第一章　非遗图书影响力评价概述 ···································· 017
　（一）图书的影响力评价综述 ······································· 019
　（二）非遗学相关著作出版概况 ···································· 026

第二章　基于引文的非遗学图书学术影响力分析 ················ 043
　（一）图书引用分析 ·· 046
　（二）图书收藏分析 ·· 068

第三章　非遗学图书的社会影响力分析 ···························· 085
　（一）非遗学图书的社会网络评价 ································ 089
　（二）来自专业机构的推介 ·· 119
　（三）获奖图书 ·· 132

第四章　非遗学图书综合评价 ··· 137
　（一）综合评价指标构建与实施 ···································· 139
　（二）非遗学术论文分析 ··· 164

第五章　总结与展望 ·· 175
　　（一）非遗学术图书评价总结 ·································· 177
　　（二）代表性图书 ·· 181
　　（三）写在最后 ·· 204

附录 1：综合影响力分析指标一览表 ································ 207
附录 2：参考文献 ·· 225

绪论

FEIYI XUESHU TUSHU
YINGXIANGLI
FENXI YANJIU

非物质文化遗产（以下简称"非遗"）作为人类文化多样性的重要组成部分，对其的保护与传承不仅是对历史的尊重，也是对未来的负责。非遗的研究与保护工作在全球范围内已经形成了广泛共识，并取得了显著成就。

非遗研究的意义在于能够深化我们对人类文化多样性的认识。非遗不仅包括民间文学、表演艺术、传统工艺等多方面的内容，还蕴含着丰富的历史、艺术和科学价值。通过对非遗的研究，我们可以更好地理解不同文化背景下人们的生活方式、思维方式和价值观，从而促进文化的交流与融合。当然，非遗研究对于促进社会经济发展也具有重要意义。非遗不仅是文化传承的重要载体，也是推动文化产业进步的重要资源。

2024年8月，中共中央总书记、国家主席、中央军委主席习近平对加强文化和自然遗产保护传承利用工作作出重要指示，他指出："'北京中轴线——中国理想都城秩序的杰作'和'巴丹吉林沙漠—沙山湖泊群''中国黄（渤）海候鸟栖息地（第二期）'成功列入《世界遗产名录》，对于建设物质文明和精神文明相协调、人与自然和谐共生的中国式现代化具有积极意义，为世界文明百花园增添了绚丽的色彩。"至此，我国世界遗产总数达到59项，居世界前列。（新华社2024年8月7日）

习近平强调："要以此次申遗成功为契机，进一步加强文化和自然遗产的整体性、系统性保护，切实提高遗产保护能力和水平，守护好中华民族的文化瑰宝和自然珍宝。要持续加强文化和自然遗产传承、利用工作，使其在新时代焕发新活力、绽放新光彩，更好地满足人民群众的美好生活需求。要加强文化和自然遗产领域国际交流合作，用实际行动为践行全球文明倡议、推动构建人类命运共同体作出新的更大贡献。"

作为文化遗产的重要组成，文化自信的直接体现，让我们回顾一下非物质文化遗产在我国从起步到成为热点研究对象的整个过程。

（一）传统文化复兴催生非物质文化遗产研究（1998—2003）

1998年，联合国教科文组织通过颁布《宣布人类口头和非物质遗产代表作条例》第一次提出"非物质遗产"的概念。2003年10月，联合国教科文组织第32届会议通过了《保护非物质文化遗产公约》（以下简称《公约》），认为"非物质文化遗产是密切人与人之间的关系以及他们之间进行交流和了解的要素"，对非遗的作用和重要性作出"不可估量"的评价。从通过《公约》开始，国际上正式形成了"非物质文化遗产"的定义：非物质文化遗产是指被各群体、团体、有时为个人所视为其文化遗产的各种实践、表演、表现形式、知识体系和技能及其有关的工具、实物、工艺品和文化场所。这种非物质文化遗产世代相传，在各社区和群体适应周围环境以及与自然和历史的互动中，被不断地再创造，为这些社区和群体提供认同感和持续感，从而增强对文化多样性和人类创造力的尊重。

中国历史悠久，传统文化深植于民间沃土中，产生了数量众多的各类非遗。各种非遗项目和它们的传承方式无不蕴含着中华民族特有的精神价值、思维方式和文化意识，是中华民族身份的象征。我国在2000多年前就有自觉保护文化遗产的传统。先秦时期，我国第一部诗歌总集《诗经》就收集了西周初年至春秋中叶的诗歌共311篇，其中有不少是对民间歌谣的记录整理。《诗经》形成的收集、整理和保护传承民族民间文化的传统，对中华文化的延续和传承产生了深远的影响。汉代有专门收集民间歌谣俗曲的机构——乐府，北宋时期的《乐府诗集》就取名于此。《乐府诗集》收录了上古至唐、五代的乐散佚歌，包括不少散佚的乐曲、乐器、歌词作品，对文学史和音乐史的研究均有重要参考价值。中国现代文化史上的北京大学歌谣运动、中山大学民俗学运动以及延安解放区以"走向民间"为特征的文艺运动都推进了中国民间文化保护与研究的现代化进程。

2001年以前，我国对"非遗"的概念还没有形成完整的认识，对于非物质文化遗产和文化遗产的关系、非物质文化遗产和物质文化遗产之间的区别还不甚清晰。非遗研究处于起步阶段，缺乏系统性的理论体系，也没有完整的保护机制。但对于传统美术、戏曲、民间歌谣、杂技等民间文化，民族学、民俗学和文化学，学术界一直在进行研究。如中国社科院文学研究所的贺学君就从民俗学的角度去研究民间文学。[1] 以2001年5月18日中国昆曲艺术被联合国教科文组织公布为首批"人类口头和非物质遗产代表作"为标志，中国的非物质文化遗产研究随着其保护工作的不断深入和展开，已走过二十多年的历程。

（二）理论构建与实践应用阶段（2004—2011）

2004年到2011年，是我国现代意义上非遗研究的理论构建与实践丰富阶段。这一阶段的研究成果显著，不仅丰富了非遗的理论体系，还促进了非遗实际保护工作的开展，得到了社会各界的高度认可。

2004年8月28日，中国成为第6个加入《公约》的国家。翌年，我国出版了王文章主编的《非物质文化遗产概论》，这是在非物质文化遗产基本理论研究领域的重大著作，迄今仍有广泛的影响力。该书作为我国第一部全面系统研究非物质文化遗产的专著，为后续的研究奠定了基础。[2] 它运用多学科理论交叉的研究方法，探讨了非物质文化遗产的生存、抢救和保护现状，并对中国非物质文化遗产进行了界定、分类和价值分析。这种系统性的研究方法为后来非遗学的发展奠定了基调，为非遗保护开辟了新的发展阶段。

在此基础上，以中央民族大学为代表的其他高校也相继召开了多场学术讨论会，促进了非遗学的发展，非遗学研究在多个方面取得了显著进展和成果。《中国非物质文化遗产年鉴（2011年）》详细记录了2011年度非物质文化遗产保护领域的新变化、新成就、新事件和新成果，成为了解该年度我国非遗保护情况的重要工具书。同时，文化部也发布了多项通知和报告，如《关于加强国家级非物质文化遗产代表性项目保护管理工作的通知》，提出了"有进有出"的动态管理机制，进一步完善了非遗项目的管理和保护体系。

2008年，国务院在文化部下设立非物质文化遗产司，代表非遗的保护与管理工作进入国家管理统筹层面。2011年，《中华人民共和国非物质文化遗产法》（简称《非遗法》）出台。《非遗法》是中国特色社会主义政治、经济、社会、文化四位一体战略布局中颁布的一部重要法律。它将党中央关于文化遗产保护的方针政策上升为国家意志，将非物质文化遗产保护的有效经验上升为法律制度，将各级政府部门保护非物质文化遗产的职责上升为法律责任，为非物质文化遗产保护政策的长期实施和有效运行提供了坚实保障。它完善了中国特色社会主义法律体系，加强文化立法的重要步骤，在文化建设中具有基础性和全局性的作用。

在实践层面，第一次大规模的全国性非遗普查从2005年开始，至2011年结束。这次普查取得了显著成果，全面记录了国内丰富多样的非遗资源。参与人数达76万人次，走访民间艺人86万人次，投入经费3.7亿元，收集了26万多件珍贵实物和资料，文字记录量达8.9亿字，录音记录7.2万小时，录像记录13万小时，拍摄图片408万张，汇编普查资料8万册。这次普查不仅记录了20亿字的文字资料，还汇编了14万册普查资料，收集了29万件珍贵实物，统计出的非遗总量接近87万条，梳理出全国非遗项目的数量和分布，同时对非遗保护政策和相关地方管理制度进行了研究，为后续非遗保护工作开展提供了重要社会调查数据。

2005年，中国艺术研究院非物质文化遗产数据库管理中心成立，负责推动非物质文化遗产数字化保护工程开展，将普查成果资源数字化，构建非物质文化遗产数据库。数据库具有存储量大和可扩充等特点，能够有效地推动非物质文化遗产保护工作的开展，实现"无形遗产有形化，文化资源数据化"的目标。普查工作结束后，管理中心利用现代科技手段，提高非遗保护和管理的效率和水平，建立了非物质文化遗产资源档案，并积极开展普查成果的整理、研究、出版和利用工作，这为非遗项目的保护和研究奠定了坚实的基础。

2006年、2008年和2011年，国务院先后批准公布了三批共1159项国家级非物质文化遗产名录项目。这表明国家高度重视非物质文化遗产的保护和传承。

截至2011年11月底，我国入选联合国教科文组织非物质文化遗产名录总数已达36项,成为当时世界上入选项目最多的国家。[3]这反映了中国非遗项目的丰富多样性和国际影响力。

2004年至2011年,非遗学研究在理论构建、实践探索和成果积累等方面都取得了显著的进展和成果,为我国非物质文化遗产的保护和发展奠定了坚实的基础。

(三)非物质文化研究的全面推进与深化(2012—2020)

1. 国家层面相关政策密集出台

这一时期,非遗研究从"重申报"改为"重保护","保护与传承""传承与创新"等热词不断涌现。国家把继承和发扬中华优秀传统文化列为国家治理现代化建设的一项重要内容,通过一系列的重点项目和计划,推动非物质文化遗产的保护利用。

2013年,文化部对非遗保护基地建设和数字化保护工作进行了加强,旨在提高保护的科学性和规范性。中国非遗数字化保护中心持续进行非遗数字化业务标准的制定。以中山大学为首,哈尔滨工业大学、厦门大学、华中师范大学、中国艺术研究院为协同单位的"文化遗产传承与数字化保护协同创新中心"成立。该中心发挥高校学术优势,进一步开展非遗数字化保护研究和人才培养。[4]

党的十九大报告中5次提到中华优秀传统文化,并强调中国共产党始终是"中华优秀传统文化的坚定继承与发扬者",认为中国特色社会主义文化源于中华五千多年的文明发展史,而"中华优秀传统文化源远流长",正是一个重要成就。我们在履行《保护非物质文化遗产公约》方面取得了长足的进步,"中国经验"也在不断丰富。从分类、标准、措施和途径三个层面,对非遗的系统保护与传承进行了研究。[5]

2017年,中共中央办公厅、国务院办公厅印发了《关于实施中华优秀传统文化传承发展工程的意见》，从重大意义、指导思想、基本原则、总体目标、主要内容、基本途径、主要措施、重点工作等方面对中华优秀传统文化进行了详细的论述，并对中华优秀传统文化的发展提出了具体的建议。"中华文化遗产保护工程""国家古籍保护工程""中国传统村落保护工程""中华音乐传承与出版工程""中国民间文学大系出版工程""戏曲振兴工程""中国民间经典故事动漫创作工程""中华电视艺术传播工程""中华名店保护与发展""中国传统节日""复兴""中华文化新传媒"等，成为"中华优秀文化"的重要组成部分。而这一切，都离不开对非物质文化遗产的保护。《意见》以中央文件的形式，对中华优秀传统文化的传承与发展进行了专门的论述，并通过一系列的重大工程，切实推动了中华文化的传承，提升了国家的文化软实力。[6]

2017年，《文化部"十三五"时期文化发展改革规划》发布，系统阐明了"十三五"时期文化建设的总体要求、目标方向、主要任务和重要举措。《规划》把"提高非物质文化遗产保护传承水平"作为重要内容之一，要求"坚持'保护为主、抢救第一、合理利用、传承发展'的工作方针，进一步完善非物质文化遗产保护制度，以人的培养为核心，以融入现代生活为导向，切实加强能力建设，提高保护传承水平，推动非物质文化遗产保护事业深入发展"。同时，文化部会同财政部修订了《国家非物质文化遗产保护专项资金管理办法》，力争使专项资金管理既科学规范，又具有适应保护工作需要的包容性。

2018年，国家设立文化和旅游部，并将"负责非物质文化遗产保护，推动非物质文化遗产的保护、传承、普及、弘扬和振兴"作为文旅部的主要职责。

2. 高校、科研机构、非遗保护单位、社会民间团体加大了对非遗保护的学术研究，推动了非遗保护理论的系统化发展

北京大学、浙江师范大学等12家单位承担了文化部非物质文化遗产司重点课题——"非物质文化遗产保护理论及法律法规制度建设研究"。中国社会科学院研究员朱刚发表论文《"一带一路"倡议与非物质文化遗产保护的国际合作》。在《公约》的框架下，我国对联合国教科文组织落实非物质文化遗产的有关措施与

"一带一路""文化包容性利益共同体"的思想进行了兼容,对"一带一路"沿线各国的非遗资源进行了梳理,并对"一带一路"沿线各国的"人类非物质文化遗产代表作名录"进行了统计。中国社会科学院研究员、荣誉学部委员、国家非物质文化遗产保护工作专家委员会副主任委员刘魁立的《非遗传承人的三个关键词》一文对非遗传承人进行了定义。他认为传承人的关键词为:志愿者、公产意识、契约精神。该文提出,传承人是志愿者,带着一种情感或者抛开功利心,在非遗传承中起到引领作用。中央民族大学教授陶立璠在《民俗学与非物质文化遗产保护》一文中提出保护非物质文化遗产,应破除阶层限制,突破民俗学中的草根指向,在社区、群体和个人中间贯通阶层划分。中国艺术研究院刘先福博士在其论文《民间叙事文类的界定与转换——以查树源的"罕王叙事"为例》一文中,以查树源讲述的努尔哈赤传说为例,提出民间叙事的文类界定是文本分析的前提。同时指出,地方叙事传统中积淀的讲述者,在各种需求的影响下,编织着自己的文类体系,口头传统的实践性,是民间文学属性研究应特别关注的问题。

中国科学院自然科学史研究所和大象出版社历时20年,于2017年完成了《中国传统工艺全集》20卷本的出版工作。该书在当代科学技术高度上,对传统工艺进行了翔实细致的现场考察、分析论证和编集撰述,为传统工艺的保护传承提供了科学依据,被称作"《天工开物》在当代的续编"。此外,《中国非物质文化遗产大辞典》编撰开题专家论证会在京召开,标志着这一具有基础性、开创性、专业性、实用性的非物质文化遗产工具书编撰工作正式启动。

"国家级非物质文化遗产保护研究基地"命名及课题研究工作,由中国艺术研究院的中国非物质文化遗产保护中心担纲。该研究被证明是有效推动非物质文化遗产理论体系建设的措施之一。被命名的保护研究基地是以传承人为主的法人机构,其重要的职能就是从传承者的角度进行传承经验的总结、推广、理论拓展和应用反馈,能够避免非遗持有者被边缘化,以文化持有者的本真性来保持其非遗传承的延续性,实现学者和传承人从理论建构与实践经验结合的层面上的互补。如《古琴传统丝弦的恢复与制作》这本学术著作,是保护研究基地北京钧天坊古琴文化艺术传播有限公司的课题项目成果,由国家级非物质文化遗产代表性项目古琴传统制作技艺北京市级代表性传承人王鹏及其研究团队合著。著作结合相关学科知识，对历代文献中记载的传统造弦技术进行了较为系统的梳理、归纳和解读，将传统丝弦制作工艺清晰地呈现出来。

3. 多方位推进人才培养，探索非物质文化遗产学科建设体系

非物质文化遗产活态传承核心就是确保非遗项目的生命力。作为非物质文化遗产传承主体的传承人，掌握并承载着非物质文化遗产的知识和精湛技艺，同时也肩负着开展传承工作以及培养后继人才的重任。但随着社会的发展和生活方式的改变，以往"师带徒"的传承方式已不能完全适应非物质文化遗产保护的需要，将传承纳入现代教育体制中，培养出兼具一定理论知识与高超技艺的新时代传承人，是时代发展对非物质文化遗产人才培养的迫切需求。

2015年6月16日，文化部在上海大学国际会议中心召开"中国非物质文化遗产传承人群研修培训计划"试点工作现场协调会议，统筹组织各试点院校在2015年暑期开展传统工艺项目培训工作。迄今已累计培训超过十万人次。

吴彬在《创建非物质文化遗产传承人才培养立体教育体系的构想》一文的构想中提出建立政府为主导，属地为基础，高校为龙头，集政府、学校、民间的综合资源和力量，形成学龄前幼儿启蒙熏陶、中小学认知教学、大专院校深造的一条龙教育。同时开展课堂教学、网络学习、拜师学艺、短期培训、社会实践等多元立体教学，培养既拥有专业技能，又具备综合素质的非物质文化遗产传承人才。[7]

2017年，中国艺术研究院在"中国非物质文化遗产保护人才培养学术研讨会"上提出了三类人才培养：一是培养"非物质文化遗产保护研究"方向的学术型硕士博士，发展该领域理论研究；二是培养"保护实践"和"传统技艺"两个方向的艺术硕士，前者主要开展非物质文化遗产保护和管理工作，后者以掌握传统技艺为主，着重实操和产品制作；三是针对非遗保护工作各类人员，进行短时间培训，提高其开展非遗工作的管理水平和实践能力。该体系在当时将"师徒制"纳入现代学历教育体制，在培养兼具理论知识和高超技艺的新型传承人才方面起到明显的成效。

（四）新时代转型与创新阶段（2021年至今）

现阶段的研究更加注重理论与实践的结合，强调系统性保护和可持续发展。研究成果不仅提升了公众对非遗的认识和重视，也为全球非遗保护事业贡献了中国智慧和方案。在文旅融合新业态下，文旅业与非遗产业化；文化生态保护区；数字化技术在非遗保护、传播与创新应用等热点爆发；非遗学学科体系建设取得重大进展。

《"十四五"非物质文化遗产保护规划》提出：以习近平新时代中国特色社会主义思想为指导，全面贯彻党的十九大和十九届二中、三中、四中、五中全会精神，落实习近平总书记关于非遗保护重要指示精神，坚持以社会主义核心价值观为引领，坚持创造性转化、创新性发展，坚守中华文化立场、传承中国文化基因，贯彻"保护为主、抢救第一、合理利用、传承发展"工作方针，深入实施非物质文化遗产传承发展工程，切实提升非遗保护传承工作水平，不断增强中华优秀传统文化的生命力和影响力，构建各民族共有的精神家园，凝聚实现中华民族伟大复兴的强大精神力量。

《规划》同时提出：到2025年，非遗代表性项目得到有效保护，工作制度科学规范、运行有效，工作体系更加完善，保护传承体系更加健全，创造创新活力进一步激发，人民群众对非遗的认同感、参与感、获得感明显提高，非遗服务当代、造福人民的作用进一步发挥。到2035年，非遗得到全面有效保护，传承活力明显增强，工作制度更加成熟、更加完善，传承体系更加健全，保护理念进一步深入人心，国际影响力显著提升，在推动社会经济可持续发展和重大国家战略中的作用更加彰显。

《非物质文化遗产蓝皮书：中国非物质文化遗产保护发展报告（2022）》中提出，研究"非遗与国家发展战略"，进一步提升非遗理论研究水平，比如进行文化基因研究。

《中国非物质文化遗产学术研究成果概观》[8]指出，在非遗保护转型背景下，如何认识非遗的内涵与价值成为亟待深入探讨的议题。随着非遗学的不断发展，建立一门独立的非物质文化遗产学成为社会各界共同关注的话题。非物质文化遗产学不仅具备成为学科的学理性、学术性，同时也符合当前社会发展的现实需求。[9]

1. 非遗理论有新的拓展

在非遗保护转型背景下，如何认识非遗的内涵与价值，用怎样的理念去指导非遗实践，成为亟待深入探讨的议题，相关研究者对此提出了新阐释、新视角和新观点。

朱刚、周茜茜、夏燕靖等学者从不同角度论述了非遗在交叉学科方法论和认识论上的高纬度要求。[10]非遗实践应遵循怎样的理念？在保护方面，宋俊华、王辉梳理了非遗保护规范和创新的内涵和依据，认为规范是多方参与协同的基础，创新是可持续的基本动力，规范与创新是对立统一的辩证关系。[11]在传播方面，裴齐容、张骁鸣认为，不断发展的媒介正在重构非遗与地方的关系，由本土化、在地化向全球化、现代性转变，需以融合发展的动态视角把握非遗与地方相互作用、共同建构的途径。[12]周福岩认为，遗产能一直存活是因为它参与到那些参与它的人的生活之中，传承或教导的本质在于活力、创造力和更新，作为文化实践的非遗传承兼具存在的自我转型和传统的规范性特征。[13]

2. 非遗学科建设进展

2023年，王文章主编的《非物质文化遗产概论》新修订第四版出版，本书是我国首部研究非遗及其保护的理论专著，在我国非遗保护和非遗专业教学方面发挥了重要作用。[14]

在非遗保护实践的过渡年、调整期，非遗学科应如何建设，如何适应蓬勃兴起的文化实践和历史要求，是非遗理论研究的重中之重。诸多学者围绕这一议题，或总结实践经验，或探索未来路径。兰州文理学院和广西民族大学等高校已经开设了相关专业，并招收了首批本科生。天津大学冯骥才文学艺术研究院设立了全国首个非物质文化遗产学交叉学科硕士学位授权点，进一步推动了高层次人才培养。据不完全统计，目前全国已有400多所大学开设了非物质文化遗产学课程，数百所中等专科学校开设了非物质文化遗产相关课程，全国大多数中小学及部分高校启动了非物质文化遗产进校园活动。非物质文化遗产和非物质文化遗产学已经渐渐融入中国的主流教育。[15]

对非遗的认识深度和广度直接影响着非遗学在学科建设中的位置。潘鲁生、王佳将非遗视为文化遗产的一个领域，希望在交叉学科门类下增设"文化遗产学"一级学科，其学科建设可以从加强顶层设计、建构知识体系、构建研究方法、构建人才培养机制、强化传播与服务社会能力这五个方面着手推进。[16]

3. 中国特色文化遗产体系建设

中国特色非遗体系的构建需要依托本民族传统文化，在《公约》框架下依法将现有的分散的概念表述补充完善，形成明晰的核心概念与范畴。

罗正副指出，要建构中国非遗体系，在遗产的概念、分类、命名、知识、实践和保护等诸多系统建设过程中，一定要有"中国自己的特色"的自觉，[17]彭兆荣所归纳的包括概念系统、分类系统、命名系统、知识系统、实践系统和保护系统在内的中国遗产体系，同样适用于中国的物遗和非遗体系建构。[18]杜晓帆也提出，要建构中国"文化遗产学"学科体系，文化遗产学涵盖了针对物遗与非遗等一切具有历史、艺术、科学等价值的文化遗存的相关研究与实践。[19]

4. 非遗实践的法律保障和制度建设

自2004年8月全国人大常务委员会发布《关于批准〈保护非物质文化遗产公约〉的决定》开始，我国先后发布了《国务院办公厅关于加强我国非物质文化遗产保护工作的意见》《国务院关于加强文化遗产保护的通知》《关于实施中华优秀传统文化传承发展工程的意见》《国务院办公厅关于转发文化部等部门中国传统工艺振兴计划的通知》等五个国家级文件。2011年2月25日，第十一届全国人民代表大会常务委员会第十九次会议通过了《中华人民共和国非物质文化遗产法》。中国的非遗保护逐渐从方针政策上升为国家意志，获得了长期实施和有效运行的坚实保障。

对非遗保护与著作权、知识产权关系的探讨是热点话题。覃榆翔提出，可以将著作权和邻接权分别配置给非遗数字化成果的创作者和传播者，从而激励市场主体参与非遗的数字化；同时，著作权法应作出相应调整，以调和非遗传承传播的公益定位与非遗数字化成果司法确权之间的张力。[20]赵云海和刘瑞总结了数字化时代非遗知识产权保护的发展历程，提出从确定数字化权利主体范围、完善数字化作品的权利内容、健全法律救济体系、建立利益平衡机制等方面建立符合时代发展的非遗保护机制。[21]聂鑫提出，以非遗技术改进者为权利主体，尊重非遗权利人隐私权选择，以非遗技术改进信息可商业转化性为准入前提，以创新程度合理设置为准入标准，在最大程度保有非遗文化价值的同时实现其经济价值，是构建非遗现代社会运行机制的最优选择。[22]

5. 新技术与数字化

各类新技术的兴起，提升了非遗记录与传播的水平，为非遗的创造性转化和创新性发展提供了技术支撑，也为非遗研究提供了新工具与新视角。

2023年，我国首个非物质文化遗产领域行业标准——《非物质文化遗产数字化保护数字资源采集和著录》由文化和旅游部批准发布。

薛可、郭斌从多角度展示了近年来中国非遗在数字传播方面的研究与成果，介绍了数字非遗在不同发展阶段已使用、可采用和将引入的技术及应用实例。[23]在新技术发展推动的非遗传播方式变革中，影像的力量越来越不可忽视，林加聚焦于迅猛发展的短视频行业，分析了短视频在非遗传播中的优势、问题与策略。[24]杨红提出应鼓励非遗保护传承和新兴技术手段、传播渠道、消费业态结合，关注非遗数字化传播呈现出的"数字化生存与虚拟社区传承"等趋势。[25]

人工智能是2023年的热点话题：马进等人梳理了当下人工智能参与非遗领域的现状，重点分析了智能时代下非遗知识库构建、分类检索、创新设计三方面的发展状况。[26] 何明、袁恩培运用数字景观技术、GIS技术、虚拟现实技术和增强现实技术，以我国传统体育类非遗项目为例进行了数字化技术应用与分析以及可视化数字呈现。[27]

6. 非遗与乡村振兴研究

非遗是乡村文化的重要组成部分，在乡村振兴战略中的作用日益凸显。非遗赋能乡村振兴是近年研究热点。高俊山认为，非遗能为乡村的文化、人才、产业等方面带来变革，重塑乡村文化主流价值观念，动员多元主体参与，助力乡村文化产业发展，同时推动非遗的创造性转化与创新性发展。[28]

7. 非遗与新文旅融合

作为中华优秀传统文化的重要组成部分，非遗丰富了旅游的文化内涵，旅游也为非遗的实践和应用提供了更多场景，能够激发非遗的生机和活力。

沉浸式旅游演艺是基于文旅融合而生的新业态之一。例如，上海的《不眠之夜》、武汉的《知音号》和山西的《又见五台山》，这些经典沉浸式演艺项目不仅丰富了旅游演艺模式，还让文化与百姓生活有了更亲近的视角和路径。怀旧景区和非遗小镇也是文旅融合的重要载体。长沙文和友、北京和平菓局等怀旧旅游新业态近年来成为多地发展的新热点。贵州省丹寨小镇和内蒙古自治区莫尼山小镇通过最大化保护和展示非遗资源，为游客提供鲜活体验空间，形成了现象级的非遗旅游小镇。

在热点研究上，鄢继尧等人运用空间计量方法分析了国家级非遗代表性项目的类型结构和空间分异特征，发现非遗与A级旅游景区、传统村落、博物馆的空间分布均存在显著的正向关联，他们提出要因业制宜推动非遗与旅游融合发展。[28] 文旅融合中，非遗与乡村旅游、红色旅游的融合发展尤其亮眼。李朦君等人以山西省代县杨家将文化为例，分析非遗如何助力乡村旅游，服务乡村产业转型和乡村振兴。[30] 林海聪介绍了非遗保护的韶山模式如何促进韶山非遗和红色旅游乃至社区整体的可持续发展。[31]

中国对非遗的研究和保护日益引起人们的关注。有关非遗的历史、技艺与实践等方面的研究成果不断涌现，相关书籍也层出不穷。这不仅为学者们的研究积累了丰厚的史料，同时也让普通民众感受到了非遗特有的艺术魅力与社会意义。

清代学者章学诚提出"辨章学术，考镜源流"，本书基于国内二十年来在非遗研究领域呈现的学术繁荣，对2000年以来主要的非遗学学术著作进行梳理和分析，通过各类影响力指标和数据的定量评价与客观描述，展现了二十年来非遗学的研究成果，整理出影响力较大的核心图书目录，速写非遗学研究全貌。为各类读者选择理论著作进行深度阅读提供参考，为图书馆进行重点收藏提供依据，为相关从业者、爱好者了解国内非物质文化遗产学、研究其历史脉络和发展演变提供经典导读。

第一章
非遗图书影响力评价概述

（一）图书的影响力评价综述

图书是一个学科或者学术领域内，较为全面和深入论述学科知识与发展方向、面临的重要问题的系统性载体，其作用是呈现完整的学术研究成果及揭示学术研究源流，数部经典学术著作就能构成一门学科的学科知识体系。

我国的图书出版总量和品种已位居世界第一，根据国家新闻出版署统计数据，我国2021年全年累计销售图书金额912亿元，较上年同期增加4.72%；全年上市新书18.36万种，比上一年度的17.11万种同比增长了7.3%。[32]2022年图书出版总量502246种，同比增长15.7%，市场体量达到历史新高。[33]学术类图书呈现出一定的增长动态，尤其是那些与热点话题或影视相关的书。例如，关于女性主题的学术著作以及一些由电视剧推动销量的历史和文化图书表现出色。这些数据表明，尽管面临多种挑战，但我国图书市场依然保持了强劲的增长势头。如何在信息过剩的时代更有效地选择图书，提高优秀的图书，特别是学术著作的利用效率；揭示学科源流，考量学术图书的生命力，协助学者精选参考书目，掌握学科领域图书的出版情况；如何指导图书馆有针对性地采购，进行特藏建设，是图情界的相关研究者们近二十年来孜孜以求进行学术影响力评价的目的。国内学界对于论文、期刊、图书、学者的学术影响力分析评价研究在2019年达到一个高潮，此后虽有回落，但仍然维持着相当的热度（见下图），并且研究热点从泛评价转向构建评价指标体系和提升学术影响力策略研究上。

关于学术图书影响力的概念，学术界还没有统一的界定。有一种说法是学术图书在正式交流的学术界产生的影响力构成学术影响力（比如引用关系），在非正式交流的非学术界产生的影响力构成了社会影响力，学术影响力和社会影响力共同体现出学术图书的影响力。

近些年，在以英美为代表的国家的评估与资助政策中，普遍存在着一个重要的变化，即这些评估体系不再单纯强调学术图书的学术影响力，还提出了强化

总体趋势分析

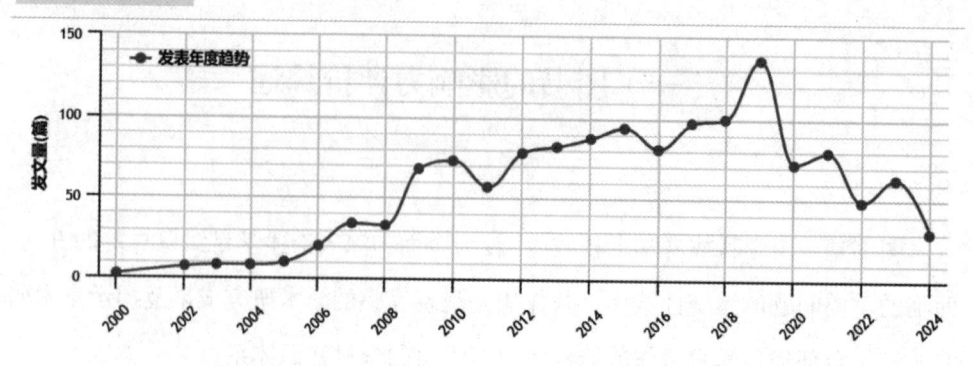

图 1　学术影响力研究发文趋势图

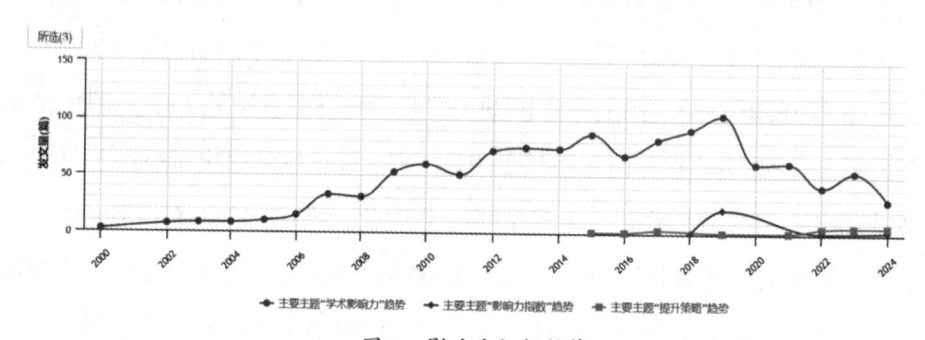

图 2　影响力指数趋势

● 数据来源：　文献总数：1348 篇；　检索条件：　（篇名：学术影响力(精确)）；　检索范围：总库

其社会影响力，并接受引文指标等传统指标之外的其他可供计量的指标。如英国自 2014 年起，成立了对大学进行评价的官方标准"研究卓越框架"（Research excellence framework），结合同行评议与计量指标等方法，旨在对研究成果在科学及其他领域的影响力进行评估。[34] 他们认为，学术影响力是指优秀的研究对学术进步、学科内和学科间所做出的可测度的贡献，包括在理论、方法和应用上的显著进步。社会经济影响力是指优秀的研究成果对社会和经济所做出的可测度的贡献。20 世纪 90 年代，社会应用价值被纳入多个领域学术成果评价中，并逐渐引起学者关注。而在实际应用中，评价图书的学术影响力时，也常常将其社会影响力纳入评价指标体系进行综合评价。

在过去的二十年里，我国学术影响力评价的研究经历了显著的发展和变化，主要体现在评价方法的多元化、研究内容的深化及研究范围的扩展等方面。

2000年前后的研究主要集中在引用分析和期刊影响因子的使用上，关注点主要是对学术期刊影响力的评价。这一时期的研究以定量指标为主，如引用次数和影响因子。随着互联网的发展和数字图书馆的建设，学术影响力评价开始引入更多的网络分析方法，如H指数和G指数等个人影响力的评价指标开始受到关注。同时，对学术社群的影响力和学术传播路径的研究也逐渐兴起。2010年后，研究开始更加重视多维度的评价体系，不仅关注学术成果的数量，也开始分析学术影响的质量和社会影响。此外，替代指标（Altmetrics）的出现为评价提供了新的数据源，如社交媒体上的学术交流、博客引用和在线阅读次数等。近年来，随着大数据和人工智能技术的发展，学术影响力评价研究开始采用更复杂的数据分析方法，如机器学习和深度学习在学术评价中的应用。研究内容也更加多元，开始涵盖跨学科研究影响力的评价、开放科学对学术影响力的影响等新兴主题。

1. 图书的学术影响力评价研究现状

图书的学术影响力评价普遍从两个方面去分析：定性和定量分析。定性包括书评和专家评价；定量则主要是依据客观数据构建指标体系和模型进行分析。

2011年，图书的学术影响力评价分析在苏新宁教授及团队出版了《中国人文社会科学图书学术影响力报告》之后达到一个小高潮。近年来，涉及国内期刊论文引文的研究，只要是人文社科范围内，基本都围绕CSSCI进行分析。如许鑫、王伟的《我国文化学图书学术影响力报告》，马宏忠、王昊的《中国宗教学图书学术影响力评价——基于CSSCI数据库的分析》，李平的《我国民族学图书学术影响力报告——基于CSSCI(2000—2007年)数据》，张燕蓟、何晓曦的《体育学图书学术影响力分析——基于CSSCI(2000—2007年度)数据》等。在引文数据库构建方面，2013年西华大学在国家社会科学基金项目资助下开始了中文图书索引数据库建设及评价的分析研究。邢红梅和吕先竞对我国图书评价及其模型研究现状进行了研究。陆怡洲采用引文分析方法对我国计算机类图书出版情况做了分析。宋京京、潘云涛和苏成采用新方法——使用

PageRank 算法对图书影响力进行了评价。四川学术成果中心利用近几年的研究成果建立了中国图书引文数据库，并基于影响力研究评价试图构建具有核心研究价值和较高参考价值的 C 书系统，对中文图书的学术影响力研究做出了非常大的贡献。

基于引证指标的学术影响力评价是较为传统和常用的评价方法，主要包括被引频次相关指标、基于施引文献数量和质量的指标和复合指标 3 类。[35]

(1) 被引频次相关指标

被引频次是评价学术影响力的经典指标。1955 年，E.Garfield 提出被引频次可以表示被引用和受关注的程度，并将其应用于学术影响力的测度。被引频次指标在很长时间里发挥了重要作用，如基于被引频次遴选出的 ESI 高影响力曾备受学界关注。实践中也经常将去除自引后的被引频次（即他引频次）作为评价学术影响力的指标。被引频次指标虽得到普遍认可但也存在不少争议。其忽视的问题及被诟病的缺陷有：①时间异质性问题，即不同时间段发表的文献可能会获得不等量的引用机会；②学科差异性问题，即忽视了不同学科和不同文献类型的被引差异；③引用片面性问题，即将对同一篇的不同引用视为等同，忽视了施引文献质量、引用情感等因素，除时间、学科、文献类型等因素的影响，代表性方法有比均值法和百分位数等级法。相较而言，比均值法提出时间更早，相关研究成果更多。如伍军红等[36]基于被引频次的分布情况，对不同学科、不同发表年的文献被引频次进行标准化处理，提出引证标准化指数（Paper Citation Standardized Index）指标。比均值法在实践层面已有应用，如科睿唯安（Clarivate）提出的学科规范化引文影响力（Category Normalized CitationImpact）指标，即被引频次与该同学科、同发表年、同类型的全球篇均被引频次的比值。类似还有爱思唯尔提出的归一化引文影响力（Field-Weighted Citation Impact）指标。[37]百分位数等级法是将被引频次转换为其在同学科中的位置百分比，如被引频次百分位指标。然而，被引频次越高对应的数量越少，即被引频次与数量并非对称分布，上述标准化的指标并未解决被引频次指标应用中存在的问题。

针对被引频次指标存在的不足，学界不断对该指标进行改进和优化，常见做法有两种：①对被引频次进行标准化处理，旨在消除时间、学科、文献类型等因素的影响，代表性方法有比均值法和百分位数等级法；②对被引频次进行加权，考虑发表时间的影响。如舒予等[38]基于时序动态视角设计动态学术影响力评价指标（DAI），对不同时间产生的被引赋予不同的权重，表征不同时间引文的重要性。

（2）基于施引文献数量和质量的引文指标

文中有 h 篇，每篇至少被引 h 次，该指数用于评价学者的学术影响力。2009 年 A.Schubert 将 h 指数延伸至学术影响力评价，即一篇的 h 指数指被引文献中有 h 篇每篇至少被引 h 次。然而，h 指数在实际应用中也暴露出一些问题：①区分度低，只能反映高被引的特征，不能总体反映施引文献的数量和质量分布；②敏感度低，无法及时反映施引文献数量及其被引次数的变化。针对 h 指数的缺陷，G.Prathap 于 2010 年提出 p 指数，并将其应用于评价国家、学科、期刊、学者的学术影响力。p 指数的计算公式为 $p=(C^2/N)^{1/3}$，其中，N 为数，C 为总被引频次。刘运梅等[39]借鉴 p 指数，提出测度单篇学术影响力的 Pq 指数，即施引文献的总被引频次与其篇均被引频次乘积的立方根。Pq 指数识别质量较低的高被引的能力高于 h 指数。何春间将被引频次定义为直接影响力，将施引文献数量、质量等指标定义为间接影响力，进一步提出文献的累计综合影响力（TVF）指标。[40]

（3）复合指标

在被引频次基础上，考虑期刊、时间、作者等因素，复合评价指标被陆续提出，用于评价综合期刊的学术影响力。

综合期刊影响因子和被引频次指标评价学术影响力是一种常见思路。影响因子及其计算方法由 E.Garfield[41] 于 1972 年提出，用于评价期刊的影响力。然而在实践中，该指标常被误用于评价期刊中单篇的学术影响力。这种"以刊评文"的逻辑缺陷受到众多学者和期刊编辑的质疑，也因此推动了对影响因子的修正及对新评价指标的研究热潮。如科睿唯安在 JCR(Journal Citation Reports）中使用影响值指标（Article Influence Score），[42] 通过与全球期刊平均影响力的比较，评价某期刊的学术影响力。也有学者引入时间、作者等因素综合评价的学术影响力。如赵蓉英等[43]在被引频次的基础上加入时间变量，采用被引频次、即年因子、2 年期引证因子和 5 年期引证因子 4 个指标综合评价学术影响力。也有学者引入时间、作者等因素综合评价的学术影响力。如赵蓉英等在被引频次的基础上加入时间变量，采用被引频次、即年因子、2 年期引证因子和 5 年期引证因子 4 个指标综合评价学术影响力。谢瑞霞等[44]采用熵权法对引入时间加权的被引频次和期刊影响因子指标赋予权重，利用 TOPSIS 模型计算加权后的学术影响力。复合指标突破了单一指标的部分局限，但其数值区分度、计算便捷性较差，不利于推广实践。

2. 基于社交网络的社会影响力评价

社会影响力的定义可以理解为研究对学术系统之外产生的复杂影响，包括但不限于对社会、经济、自然和文化资本的增加，以及对公共政策、经济增长和社会挑战应对的贡献。这种影响力不局限于直接的经济效益，还包括对社会结构和价值观的深远影响。社会网络包括网络书评、微博、微信、网页信息等。微信和微博是国内备受关注的社交平台，前人研究中，更多将微博纳入图书影响力评价指标体系。部分学者将微信提及、分享纳入评价体系中，如林晓华（2018）在其二级指标媒体分享和版次中，统计数据来源纳入了微信这一社交平台。姜春林等（2022）从外部资源、著作被引、基金与奖励、书评、著作利用 5 个维度构建人文社科学术著作评价指标体系，对高等学校科学研究优秀成果奖（人文社会科学）获奖图书进行了实证验证。

教育部高等学校图书馆分会开展的"中文图书评价研究"，对 120 多万种中文图书分学科采用主观和客观相结合的研究方法进行综合评价研究。论文成果也逐渐增多，如李彩云《基于读秀数据源的中文图书学术影响力测评研究——以史学学科图书为例》，雷淑义、吕先竞的《我国人文社会科学学术图书 Altmetrics 评价：挑战及应用》，张玉等的《论多维视角下中文科技图书学术影响力评价体系的构建》，王虹的《基于蛛网图法的我国图书情报学期刊学术影响力分析》等。

CNKI 检索显示，Altmetrics 主题相关的硕博士论文从 2013 年开始出现，到 2017 年达到一个相对高点，其研究主要围绕评价指标体系的有效性和建构展开，样本学科范围以社会科学为主，具体样本对象主要是期刊、科技论文和学者。与单纯的引文分析不同，Altmetrics 的优势在于其及时性和评价数据来源的全面性，当然其可行性与科学性相对引文分析要弱。有研究表明，这两种指标呈弱正相关（何文《Altmetrics 与引文分析法在期刊影响力评价上的相关性研究》）。也有更多的研究基于高被引对象展开 Altmetrics 分析。但是两者之间的相关性研究仍然是一个新兴领域。无论怎样，基于更多更全面的计量指标去衡量一个学科领域著作或者学者的学术影响力，是研究趋势。

3. 基于引用内容的学术影响力评价

基于内容的分析深入文本内容和上下文语境，更能客观反映引用的功能和动机。引用内容分析从施引文献入手，聚焦于引用句及其附近句子，联系上下文进行语义解析。基于引用内容的学术影响力评价，目前主要是引用位置分析和引用情感分析。

不同位置的引用内容对论文的影响度大小不同。但位置的重要性排序目前还没达成共识。研究发现，来自引言、方法论部分的引文比来自讨论和结果部分的内容更能左右被引文献的学术影响力。基于情感的引文则是从引用时的观点包含的情感和态度入手，有赞成、否定、中立、批评等态度，根据态度的不同决定学术影响力。

综上所述，国内外几十年来的研究中，关于学术影响力评价相关论文非常多，研究学术成果影响力的著作也较丰富，研究样本涉及各学科、专业、领域。计量指标由引文分析逐渐扩展到各类网络指标分析和复合指标。

（二）非遗学相关著作出版概况

这些年来，在非遗研究相关领域涌现了大量研究著作和成果，学者们积极参与非遗保护的理论与实践，为非遗学的建设和发展贡献了智慧和力量。研究情况主要可以分为以下几类：一是围绕非遗展开的关于概念、特征、内涵、性质等的讨论分析；二是关于非遗主体的研究，比如关于传承主体和保护主体的研究；三是关于非遗保护的基本原则、问题与对策、保护方法、保护模式等研究；四是介绍分析国外非遗保护的模式和经验，为中国的非遗保护提供有益的借鉴；五是针对某一类非遗进行具体的保护和传承分析，例如传统体育类、节日类等。另外还有很多成果从多学科、多视角出发，例如从旅游视角、从法律视角等来看待非遗的发展问题。这些研究为非遗的传承发展奠定了坚实的理论基础。

1. 非遗学是什么

非遗学是一门新兴的学科，具有相对独立性和综合性。非遗学是文化遗产研究的分支，以非物质文化遗产事项及其历史、风俗、审美方式、价值体系、传承人群，以及科学保护、传承和发展为研究对象和内容，是人文科学、社会科学，以及自然科学混融交叉的学科。

作为新兴学科，文化遗产学具有鲜明的交叉学科属性。研究文化遗产需要涉及考古学、技术史、艺术史等专门史的知识基础；保护文化遗产需要民族学、神话学、社会学、生物学和化学等学科的学科视野和科学技能；展示和利用文化遗产则需要博物馆学、教育学、心理学、传播学、管理学、规划学、建筑学等学科知识。它不仅涉及人类学、民俗学、历史学、文学、艺术学等多个学科领域，还与多学科交叉。非遗学的研究内容包括非物质文化遗产的概念与分类、保护方法与原则等理论问题。[45]

目前关于非遗学科的具体归属仍在讨论阶段，但有几个主干学科必须强调，如民俗学、社会学、文学等。此外，有学者提出非遗学可以跻身文化遗产学门类，或者在交叉学科或平台自立一级学科，甚至在历史学门类下建立一级学科。[46]

非遗学与人类学在研究对象上有相似性，特别是文化人类学的独特视角和方法论对非遗学理论体系的构建具有重要的启发意义和借鉴价值。非遗学与民俗学有相近的学术目标和相似的历史保护形式和社会认同基础，共同讨论和交叉研究有助于实现多重提升。民俗学与非遗理论在历史基础上有异同处和互补点，对政府公共政策、现代社会日常生活和跨文化交流都有实际价值。非遗学与历史学在研究过程中常常需要结合历史背景和历史事件来理解非遗项目的形成和发展过程。这种结合有助于更全面地理解非遗的文化价值和社会意义。非遗学与文学在研究过程中常常涉及对口头传统、民间故事、传说等文学形式的研究。这些文学形式是非遗的重要组成部分，研究它们有助于更好地理解和传承非遗文化。非遗学与艺术学在知识体系构建上必然会有融合，因为它们的研究对象相同或相近。这种融合有助于更深入地探讨非遗在艺术领域的表现和影响，非遗学与这些学科的交叉点主要体现在研究对象的相似性、学术目标的共同性，以及在理论体系和方法论上的互补性。

2. 非遗相关著作概况

国家图书馆收藏了1100多种中文相关纸质图书。这些非遗学图书按照其用途主要分为学术类、非学术类和综合类。按内容又可以分为解决非遗是什么，非遗做什么、怎么做和怎样更好地做。

（1）学术类

这些书籍通常由学者和各领域的研究人员编写，旨在建立非遗学学科体系。注重理论研究和系统性分析。全面探讨非物质文化遗产的生存、抢救和保护现状；探索非物质文化遗产的概念界定、分类原则、内涵、范畴、基本特征、形成、价值等方面的内容。也会进行比较研究，如通过对比不同国家或地区的非物质文化遗产，揭示其异同点和文化差异，再如中日韩非物质文化遗产的比较研究，探讨各自的文化特点和保护策略。根据所研究的重点内容具体归入文化、教育、体育、艺术、经济、历史、地理、政治、法律、医学等一级学科。

中国对非遗的认识经历了一个由陌生到熟悉的过程，其中离不开人类学、民俗学、社会学、艺术学等领域内学者的推动。[47]他们从各自擅长的领域释义"非遗"这一概念，试图寻找自己熟悉的路径让这一新概念与传统知识对接。正是在文化学者的努力下，关于非遗的学术知识不断积累，非遗的概念、特征、价值不断被阐释、厘清和完善，使建立"非物质文化遗产学"这一交叉学科成为可能。本书梳理了2000年以来的非遗学著作学术类图书，以有引用记录的347种图书（不含词典，第一本有引用记录的是2005年的《非物质义化遗产概论》）为研究对象，其内容大致包括以下几个方面。

阐释非物质文化遗产相关概念

根据联合国教科文组织在2003年通过的《保护非物质文化遗产公约》中的定义，"非物质文化遗产"是指被各社区、群体或个人视为其文化遗产组成部分的各种社会实践、观念表述、表现形式、知识和技能及其相关的工具、实物、手工艺品和文化场所。"非遗"概念的源头受日本1950年颁布的《文化财产保护法》中提出的"无形文化财"和1989年联合国教科文组织颁布的《保护民间创作议案》中提出的"民间创作"的影响。

王文章主编的《非物质文化遗产概论》中也有类似的表述。书中指出，非物质"不是与物质绝缘，没有物质因素，而是重点保护的是物质因素所承载的非物质的精神因素……非物质文化遗产是物质的有形因素和非物质的无形精神因素的复杂结合体"，书中的这些表述清晰地说明了物质文化遗产有非物质的精神因素，非遗中也有物质因素，只是非遗和物质文化遗产强调的重点不一样，非遗更强调活态性和人的因素。

宋俊华和王开桃在《非物质文化遗产保护研究》中提出："非遗的概念不是首先从学界诞生的，而是从体现主权国家之间博弈和共谋的国际公约中诞生的，是在国家政府推动下被学界和普通民众接受的。"在《东阿阿胶制作技艺产业化研究：基于非物质文化遗产视野》一书中，作者梳理了非遗概念的发展史，认为非遗概念的发展经历了理念的产生（无形文化财）、基础奠定（民间创作概念）、概念普及（口头和非物质遗产）和概念确立（非物质文化遗产）五个阶段。

当然，非遗在中国又经历了一个本地化过程。牟延林认为中国的非遗概念虽然产生于联合国的《保护非物质文化遗产公约》，但在他著述的《非物质文化遗产概论》中认为《公约》中列举的"表演艺术""社会风俗"和"有关自然界和宇宙的知识和实践"，在中国分别表述为"传统表演艺术""民俗活动"和"有关自然界和宇宙的民间传统知识和实践"。

2005年，国务院办公厅《关于加强我国非物质文化遗产保护工作的意见》提出了一个适用于中国特色的概念"非物质文化遗产指各族人民世代相承的、与群众生活密切相关的各种传统文化表现形式（如民俗活动、表演艺术、传统知识和技能，以及与之相关的器具、实物、手工制品等）和文化空间。"《中华人民共和国非物质文化遗产法》对非物质文化遗产进行了类似的定义，强调其是各族人民世代相传并视为其文化遗产组成部分的各种传统文化表现形式，以及与之相关的实物和场所。

向云驹在此后出版的《世界非物质文化遗产》一书中认为，"非物质文化遗产的定义性表述，经历了从'民间创作'向'口头和非物质遗产'再向'非物质文化遗产'的演变，其宗旨和核心并未发生根本性动摇"。在向云驹的早期著作《人类口头和非物质遗产》中使用"人类口头和非物质遗产"表述，认为这一概念的提出是对已有"文化遗产"的一种补充和完善，但纯粹的无形文化遗产又不存在，"非物质遗产"最大的特征是以人的身体为载体。还有学者将非遗称为无形文化遗产，或民间文化遗产。

乔晓光在《活态文化：中国非物质文化遗产初探》中提出，非遗又称无形文化遗产，是世界遗产（非物质文化遗产）的一种补充，"主要指非文字的、以人类口传方式为主的、具有民族历史积淀和广泛代表性的民间文化（艺术）遗产"。覃业银、张红专编著的《非物质文化遗产导论》一书中也有类似表述："非物质文化遗产又称无形文化遗产，主要是指人类以口头或动作方式相传，具有民族历史积淀和广泛、突出代表性的民间文化遗产。"民俗学者段宝林在《非物质文化遗产精要》一书中也从民俗学角度提出非遗主要是民间文化。

苑利、顾军在《非物质文化遗产学》中提到"非物质文化遗产是指人类在历史上创造，并以活态形式传承至今，具有重要价值的表演艺术类、工艺技术类和节日仪式类传统文化事项"。并提出判断非遗的五个标准，从传承主体看，一定是人类创造并以传承人为依托的；从传承时限来看，必须有悠久历史，时间不足百年者不能认定为非物质文化遗产；从传承形态来看，必须以活态形式传承至今；从传承范围看，可以分为民间文学、表演艺术、传统工艺美术、传统工艺技术、传统仪式、传统节日六大领域；从品质上看，必须是重要的民族文化财富。

学界对非遗概念的认识经历了一个不断完善的过程，国内学者依据国外和国内政府颁布的文件界定和阐释非遗的概念，虽然阐发的角度不同，但基本认同非遗是文化遗产的重要组成部分，是传统文化的优秀表现，但非遗又不是纯粹的非物质、无形的，而是以人为物质载体活态传承的文化遗产。

对非遗特性和价值的研究

学界总结了很多非遗的特性，大多数著作认为非遗具有"活态性""传承性"两大属性，这也是非遗保护的核心，其他提及比较多的特性有"无形性""流变性"等。

王文章主编的《非物质文化遗产概论》概括了非遗的七个特性：独特性、活态性、传承性、流变性、综合性、民族性、地域性，这一总结对其他学者认识非遗产生了重要影响。宋俊华和王开桃的《非物质文化遗产保护研究》从文化人类学和生态学的角度系统探讨非遗的概念、特点、类型、价值、学科性、生态性理论问题，认为非遗具有传承性、实践性、活态性、无形性、多元性等特征。向云驹在《人类口头和非物质遗产》中将非遗特征概括为综合性、集体性、传承性与传播性、民族性与地域性、模式化与类型化、变异性、象征性等。王巨山的《非物质文化遗产概论》认为，非遗本身具有非物质性、活态性、民族性、地域性、功利性、可接受性和非孤立性。其中可接受性指出非遗可以被共同体、团体和个人所接受，增强群体的文化认同感。非孤立性则是指非遗与时代、社会有密切联系。向云驹在《解读非物质文化遗产》中也认为非遗是"以人为载体，以人为本"的文化遗产，从这些角度阐述了非遗具有"无形的""行为的""人为的""非物质的"特性。《非物质文化遗产导论》认为非遗具有活态性与精神传承性、民间性与社会性、生活性与情感性、生态性与美感性、独创性与多样性、传统性与代表性、独特性与和谐性。赵方在《我国非物质文化遗产的法律保护研究》中概括出非遗具有自然和法律两大特征，其中自然特征包括非物质性、活态性、传承性、流变性、利益性、民族性、地域性，法律特征包括客体的无形性、权利主体的群体性、权利性质的不确定性，其中利益性被作者阐释为非遗享有者所应当具有的财产利益和人格利益。《非物质文化遗产保护与文化产业发展》通过文化遗产和非遗对比研究发现两者都具有历史性、科学性、艺术性，非遗独有的是活态性、生态性、传承性、变异性。

学者们普遍认同非遗是先人们创造传承至今仍具有丰富价值的文化事项，非遗的价值也决定了非遗有被保护的必要性，但是一部分文化遗产的衰落是一种必然，主要原因是社会价值和功能丧失。王文章编著的《非物质文化遗产概论》将非遗的价值概括为历史价值、文化价值、精神价值、科学价值、社会和谐价值、审美价值、现实价值、教育价值和经济价值，并提出非遗经济价值和文化价值不是对立的，可以实现保护和利用的双赢。彭冬梅著述的《非物质文化遗产数字化保护与传播研究：以剪纸艺术为例》指出非遗具有历史传承、文化精神、科学认识、艺术审美、社会和谐、经济开发、社会教育、科学研究等价值。研究旅游学的覃业银在《非物质文化遗产导论》中提到非遗具有一般性价值和经济学价值，科学认识、审美、社会和谐等价值被归为一般性价值，经济学价值主要是指经济开发价值。苑利、顾军站在非遗保护的实践角度，在《非物质文化遗产保护干部必读》中提出非遗具有历史认识价值，可以正史、证史和补史，其他价值还有艺术价值、文化价值等，并认为非遗越优秀、时间跨度越大、信息承载量越大、原生度越高、知名度越高、越有个性、存量越少就越有价值。宋俊华和王开桃在《非物质文化遗产保护研究》中将从非遗自身存在与传承方式将非遗分为口述、身传、心授、综合性四类，并提出非遗具有记忆、传承、审美、基因、学术和经济价值。总之，学者从不同的研究视角和立场探索非遗所具有的价值，却很难达到完全统一的认识，但从这些提出的非遗价值中又可窥见非遗两种属性———可被利用和急需保护。

非遗学的构建及与其他学科关联

对非遗能否成为独立学科，学界早已展开了讨论。向云驹著作的《非物质文化遗产学博士课程录》是为非遗博士授课的成果，冯骥才称赞其"从哲学、美学、方法论、本体论几个方面与角度对非遗加以深入的理论阐述与拓展，追究其学理与本质，此中诸多方面极有创见，而且逻辑紧凑，相互关联，已然构形一部遗产学的深层框架。"当然构建一门新的学科是一条很漫长的道路，除了沿用、接受、消化西方学术理论，还要有中国学者的独立思考，所以作者认为构建中国"非物质文化遗产学"还需要更多的学术知识积累。苑利在《非物质文化遗产学》开篇中就表明中国已经具备了创建"非物质文化遗产学"的条件，中国兴起的"非物质文化遗产学"是吸收外国经验而创立的本土学问。在他的另一本著作《非物质文化遗产保护干部必读》中又对"非物质文化遗产学"做进一步阐释，提出"非物质文化遗产学是一门专门研究非物质文化遗产产生、传承以及保护规律的科学。"这门学科的核心是"什么是非遗""为什么保护非遗"和"怎么保护非遗"三个层次。在苑利看来，"非物质文化遗产学"是保护之学，而宋俊华和王开桃则认为"非物质文化遗产学"不应仅是有关非遗研究之学，而更应该是学科之学，他们在《非物质文化遗产保护研究》中提出"非物质文化遗产学"应该是有学理、系统、专业的，作为新学科的"非物质文化遗产学"，他所进行的研究理论的创建也离不开人类学、民俗学等其他学科的支撑。

作为非遗研究的学者，多数人还有其他的学术身份，他们可能是民俗学者、人类学研究者，也可能精通社会学或其他学科的知识，从目前出版的非遗学术专著研究的内容中不难看出，多数学者还是会从自己所熟悉的学科领域对非遗进行解读和阐释。如人类学家费孝通提出的"文化自觉"被迁移到非遗保护中，唤醒全民的文化自觉成为解决非遗濒危现状的根本之道。方李莉将"文化自觉"作为《"文化自觉"视野中的"非遗"保护》一书的关键词，通过人类学家考察实践中的一个个案例向我们指出，做好文化保护首先要重视自己的文化，非遗的保护应当先从文化自觉开始，对非遗的保护和研究也是在为文化自觉服务。《新疆文化遗产的保护与利用》一书的作者樊传庚是民族学的研究者，他以新疆的文化遗产为研究对象，在最后三章中，运用民族学的理论对新疆的非遗进行了历史、艺术、文化、民俗等价值分析，并对如何更好保护新疆非遗提出对策。民俗学家乌丙安的《非物质文化遗产保护理论与方法》，阐释了非遗的由来和发展及非遗田野作业的指导原则、方法和注意事项，从民间文化遗产抢救工程的角度对文化遗产的发展、分类和概念做了详细阐释。中国艺术人类学会和内蒙古大学共同完成的《非物质文化遗产传承与艺术人类学研究》，从民俗研究和艺术人类学角度看待非遗保护和研究，他们将民俗学的理论和实践经验迁移到非遗的保护中。有着音乐学学习和教学经历的李爱真和吴跃华编著的《音乐类非物质文化遗产保护概论》一书是详细解答音乐类非遗如何保护的理论著作，本书认为音乐类非遗和民族音乐学有相似处，最主要的区别在于研究的视角不一样，前者的视角是运用人类学、民族学、文化学等各种理论去研究和运用，后者重点强调对传统音乐的保护，音乐类非遗实际就是传统音乐文化中民间的、精华的部分。

对于非遗和各学科的关联，宋俊华和王开桃在《非物质文化遗产保护研究》中提出的观点作了很好的说明，他们认为"国际公约定义的非物质文化遗产，过去一直分属于民俗学、人类学、文学、舞蹈学、音乐学、美术学、医学、历史学等传统学科，当非物质文化遗产运动一开始，首先被吸引参与其中的自然是这些学科领域的学者。"因此，在一些学者的研究中十分赞同其他学科特别是民俗学和人类学对非遗学术理论创建的影响，例如向云驹在《解读非物质文化遗产》中提到，非遗学术理念主要来自人类学、民俗学、艺术学、美学，最具有基础性、模式性、内在性的文化是民俗学，非遗深得民俗学、人类学的田野调查法的心得。作为我们正在构建的"非物质文化遗产学"更是一门多学科融合与交叉的学问，各学者将学科之所长构筑于非遗学的理论创建中。

学者争鸣

政府是非遗保护的主体，民众（包括传承人）是非遗保护的重要部分，学者是非遗保护的第三种力量。学者所处的位置决定了他们的观点更加中立、头脑更加清晰，有时作为非遗项目背后的专家，他们能够最先发现非遗保护中存在的问题，发出批评和建议的声音。乔晓光在《活态文化：中国非物质文化遗产初探》中表示中国虽是非遗资源大国，但是现在的非遗保护现状不容乐观：非遗消失迅速，社会对非遗认识不足，传承渠道不畅，政府缺少对非遗的价值评估，民俗旅游对民间艺术遗产破坏严重造成非遗传承出现困难。《云南国家级非物质文化遗产保护的理论与方法》总结出云南地区非遗保护出现的问题：第一是对非遗认识不深入全面；第二是各级非遗保护机构未建成；第三是非遗传承人断代、年轻传承人选拔、资助、培养问题未得到很好解决；第四是普查不够深入，开发利用不科学；第五是法律不健全；第六是保护经费投入不足；第七是理论滞于实践，学术机构和研究人员未能发挥应有作用。《把根留住：浙江省非物质文化遗产保护的前列思考》认为非遗保护问题严峻主要原因有：建设性破坏；现代生活改变；老艺人不断谢世；珍贵实物与资料流失；开发不当。《都市发展与非物质文化遗产传承》从文化生态的角度指出非遗在当代的社会生活中仍存在着意义，但在具体非遗保护中却出现重视都市，忽视乡村的迹象。

如何保护非遗，处理好保护和利用的关系的探讨被很多已出版的非遗著作所提及，一些学者认为将非遗纳入文化产业开发之中，可以实现非遗保护的自我造血。如《非物质文化遗产保护与本土经验》以非遗保护和发展为主线，认为将非遗纳入旅游业的发展中，可以让一些即将失传或传承中断的非遗得以保留和恢复。《非物质文化遗产保护与文化产业发展》认为非遗保护分工不明，单纯依靠国家很难完成保护，可以依靠市场，但要规范非遗产业化保护模式，建立评估体系、市场准入制度和加强法律建设等。《东阿阿胶制作技艺产业化研究：基于非物质文化遗产视野》从产业化视角出发，认为"产业化是非遗保护和传承的方式和手段，保护和传承工作顺利进行是产业化的主要目的。"面对产业化的危机，一些学者也看到了其中的不利一面，提出对非遗的利用要有所规范和限制。向云驹的《解读非物质文化遗产》看到了非遗种类众多，产业化也不能等同于市场化、工业化，产业化只是非遗保护的一个手段，但不是万能手段，并不是所有非遗都适用。陈华文在《非物质文化遗产：学者与政府的共同舞台》一书中提到生产性保护是从非遗所具有的活态性和生产性出发而提出的，但生产性保护中应避免过度开发出现商业化、产业化和旅游化。

保护非遗的文化自觉在学者中已经产生，但是具体的、科学的保护实践仍在探索中。《把根留住：浙江省非物质文化遗产保护的前列思考》的作者从自己多年的非遗保护工作经历出发，针对目前非遗保护中存在的问题提出十大措施：采录保护、立项保护、传承人保护、展示性保护、民俗馆保护、生态性保护、生产性保护、科研性保护、制度化保护、全民保护。向云驹在《解读非物质文化遗产》中提出保护非遗的措施有抢救古村落、抢救传承人、出版非遗著作,这些措施深刻地反映了作者"非遗已经濒危,抢救刻不容缓"的保护意识,这也是学者文化自觉的表现。苑利、顾军认为中国非遗保护面临的最大问题是保护理念问题,所以他们在《非物质文化遗产保护干部必读》中明确提出,正确的非遗保护理念在基层非遗保护人员中有重要的作用。非遗保护工作是一项复杂的系统,有其保护的特殊性,《守承文化之脉:非物质文化遗产保护特殊性研究》对这一特殊性进行学术解剖,认为非遗保护是一个复杂多变的活态保护,因为非遗包罗万象,同一非遗项目因生存状态和地域不同也存在差异,所以不能以单一的普遍化、标准化的方式介入保护。所以,有很多学者也提出了整体性保护的设想,如王文章在《非物质文化遗产概论》中最早定义了整体性保护的概念,认为"要保护文化遗产所拥有的全部内容和形式,也包括传承和生态环境。"当然,作为非遗保护的重要内容,对传承人研究理应成为当前非遗研究的重点,刘锡诚在《非物质文化遗产:理论与实践》中给予非遗传承人关注,他在书中强调非遗传承的重要性,认为"非遗进化是靠传承而延续",过去重视非遗项目申报,忽略对传承人的保护,在今后的非遗保护中应注重对传承人的调查和认定。传承人口述史调查是展开非遗传承研究的第一步,一些关于传承人口述史调查的著作,如《北京非物质文化遗产传承人口述史:面人汤面塑·汤夙国》《浙江省国家级非物质文化遗产传承人口述档案集萃》《年画世家:年画传承人邰立平口述史》《成都市非物质文化遗产传承人口述史》等的出版对于非遗的记录、存档具有重要意义,但是从目前的状况来看,仍缺少一本有深度的传承人研究专著。

随着社会的发展,我们也进入了创意时代和数字时代,一些学者结合时代特点,为研究非遗找到了新的视点。《文化创意和非遗保护》是马知遥从文化创意角度研究非遗的成果,他认为文化创意和非遗保护并不是一个流行词和热点词的简单相会。作者通过对中国四大民间传说、麒麟文化、桃文化的学术研究及华北布老虎的民俗田野调查说明:文化创意与非遗保护的结合,更主要的是将创意理论运用到非遗保护的思路、手段以及抢救后的宣传和推广上,而创意思维一旦运用到了具体的非遗生产上,对非遗进行再创造,这对非遗本身就是一种灾难。随着计算机技术的发展,互联网已经延伸至日常生活生产的每一角落,数字技术引入非遗保护是一种适应时代的要求,2015 年提出"互联网+"概念,必定让非遗数字化保护成为一种新课题。所谓的非遗数字化保护是指在具体的非遗保护中建立一个包含着采集、处理、传播、共享的整体综合的系统,其最终目标是建立非遗数字化博物馆,通过联网实现非遗保护成果全民共享。目前已出版的关于非遗数字化保护的理论著作有《民族文化遗产数字化》《数字化保护:非物质文化遗产保护的新路向》《非物质文化遗产数字化研究》和《非物质文化遗产数字化保护与传播研究:以剪纸艺术为例》。其中《非物质文化遗产数字化保护与传播研究:以剪纸艺术为例》首次在非遗保护理论层面提出"信息视角:非物质文化遗产保护的数字化理论"。《非物质文化遗产数字化研究》则分析了大数据时代背景下进行非遗科学管理和非遗数据库建设的必要性,首次提出非遗项目分类的"双层四分法"。

(2) 非学术类

这些书籍多由政府、民众等非专业人员编写,更注重实际操作和知识普及。涵盖非物质文化遗产的各级保护制度、规划、保护措施、案例分析、地方特色等内容,适合大众阅读和了解。

在这类著作中,又分为地方性非遗普查成果展示、普及性非遗介绍、个人或政府的工作总结等。其呈现的特点:一是这些著作多数是地方性非遗申报资料的汇编,作为基础资料存档具有很强的再研究价值;二是著作多以本地区非遗保护成果研究为主,科普性和通俗性强;三是多数著作图文并茂,但因书价过高很难在普通民众中推广;四是著作中所涉及的项目涵盖广,是一种梗概式的介绍性读物。

非遗保护成果类著作的大量出版正是近几年政府重视非遗保护工作的体现。作为非遗保护主体的各级非遗保护部门通过对本区域内的非遗项目立档式描述,无形中推动了非遗保护成果的全民共享,也为从事民俗学、人类学、社会学、文化学研究的学者提供了基础性材料。

非遗普查成果展示

2003年以来，中国实行国家、省、市、县四级非遗保护名录，多数省市将进入名录的非遗项目结集出版。2005年出版的《人类口头与非物质文化遗产丛书》，应当是最早介绍非遗的丛书，选取了进入世界非遗名录的古琴、昆曲和其他具有丰富价值的非遗项目编辑成《昆曲》《古琴》《木卡姆》《年画》《少林功夫》《热贡艺术》《藏戏》和《南音》8本图书。《中国非物质文化遗产2006》以简短、精练文字配图的形式刊载了各省市进入第一批国家级非遗名录的非遗项目，形成本书的资料全部由各级申报单位直接提供。《国家级非物质文化遗产名录图典》也是在国家级非遗项目申报材料基础上整理的图文并茂的普查成果集结，全面系统地介绍了入选国家级非遗名录的全部项目，文字简洁、图片精美。作为省级非遗保护部门也纷纷参照国家级非遗图典形式出版了本地区的非遗名录图典，如《山东省省级非物质文化遗产名录图典》《陕西省非物质文化遗产名录图典》《西藏自治区非物质文化遗产名录图典》《上海市非物质文化遗产名录图典》《青海省非物质文化遗产名录图典》《黑龙江省非物质文化遗产名录图典》《安徽省首批非物质文化遗产名录图典》《吉林省非物质文化遗产名录图典》《湖南省非物质文化遗产名录图典》等，部分省级非遗名录图典不仅具有文献性、资料性，还体现出了学术性。有些市非遗保护部门也出版了市级非遗名录图典非遗如《广州市非物质文化遗产名录图典2006-2008》《南宁市非物质文化遗产名录图典》《马鞍山市非物质文化遗产名录图典》《千年遗韵：商丘市非物质文化遗产名录图典》《阜阳市非物质文化遗产名录图典》，这些地级市非遗名录图典，内容丰富灵活，地域特色更加明显。

以地图、图表、图片形式展示本地区非遗项目，使非遗普查成果更加直观和科学地展示于众。如《山东省非物质文化遗产名录地图集》以山东省17个设区市为独立篇章，将每个市拥有的县级以上非遗名录按照地理空间分布位置制作成直观的地图，再结合文字综述、图片和表格全面反映山东省所有进入名录中的非遗项目的相关情况。《山西省非物质文化遗产地图集》以所有县的市级以上非遗项目分布为重要内容，详尽记载了山西省非遗孕育背景、概况、传承和发展、保护与利用等情况，展示出山西省非遗保护和申报的成果。这类以地图集形式展示非遗保护成果是非遗保护工作的创新，各省市以县级非遗保护单位为起点，将本地域内拥有的非遗分布、密度和类别直观展示，也展现了非遗保护基本情况。

市级非遗保护部门基本上都出版了非遗著作，如潍坊非遗保护中心出版的《守望精神家园：潍坊市首批非物质文化遗产名录专辑》《古风遗韵：潍坊市第二批非物质文化遗产名录专辑》《潍水流觞：潍坊市第三批非物质文化遗产名录专辑》，其他地级市非遗保护中心出版的著作有《威海市非物质文化遗产精粹》《烟台市非物质文化遗产精粹》《泰安市非物质文化遗产精粹》《郑州非物质文化遗产》等。部分县级非遗保护中心将本辖区内非遗保护成果以图文并茂的形式记录下来，如《寿光非物质文化遗产》，临朐县《非遗流韵》，《汕尾非物质文化遗产》《河源非物质文化遗产》等。其他形式出版的非遗保护成果展示著作也丰富多样。有的选取部分最有代表性的非遗项目编辑成册，如《山东省非物质文化遗产精粹》《广西非物质文化遗产精粹》《晋风：山西省非物质文化遗产精粹》等。也有非遗保护部门出版系列类非遗丛书，如《齐鲁非物质文化遗产丛书》《浙江省非物质文化遗产代表作丛书》《四川非物质文化遗产系列丛书》《广西国家级非物质文化遗产系列丛书》《辽宁非物质文化遗产系列丛书》《辽宁非物质文化遗产系列丛书》等。

通识性非遗著作

通识性非遗著作主要是指非遗保护部门或社会团体出版的具有解读性、科学性和通俗性的非遗著作。由学者和非遗保护工作者共同参与完成的《非物质文化遗产知识读本》是最早出版的综合性非遗通识性读本，这本书的问世充分体现出"以政府为主导、以学者为主脑"的非遗保护工作思路，全书以非遗保护的源流为开篇，结合经典的保护个案，通俗地说明了为什么要保护非遗和如何保护非遗这两大问题，阅读对象主要是普通大众。《非物质文化遗产保护干部必读》则是以非遗保护工作者为阅读对象而完成的非遗著作，作者苑利、顾军站在学者的角度，以问答的形式，以求消除非遗保护工作的各种疑问。还有以中小学生为阅读对象的非遗通识读本，如《中国非物质文化遗产小学生读本》是在《第一批国家非物质文化遗产名录图典》挑选了120项适合青少年的非遗，以适合儿童阅读的文字配图片的形式介绍中国的非遗，鼓励青少年参与到非遗保护中，以期望培养起青少年的文化自信和非遗保护的自觉性，类似的书还有《中学生非物质文化遗产简明知识读本》等。

部分非遗科普类著作不仅具有可读性和通俗性，同时还带有一定的学术性，如《安徽省非物质文化遗产乡土读本》是从地域文化角度介绍安徽最有代表性的非遗著作，目前已出版了皖北卷和皖中卷。《非物质文化遗产记忆档案》用以图释文的方式分册介绍了包括祭孔大典、蓝关戏、中国剪纸、吕剧在内的15个国家级非遗项目，兼具通俗性和资料性。也有从多个角度介绍一个非遗项目的著作，如淄博市沂源县组织出版的《中国牛郎织女传说》丛书就是借助学术力量挖掘整理地方非遗资源的尝试。其他著作有《绍兴市非物质文化遗产读本》《品读武汉非物质文化遗产》，以及立足于世界介绍本国或他国的非遗项目著作如《世界非物质文化遗产》《中国的世界非物质文化遗产》等。

非遗保护工作总结

非遗保护工作的总结是以政府的视角或委托学者对非遗保护情况的汇报，常常以发展报告或研究报告形式呈现，体现出一定的学术性和实践性。《中国非物质文化遗产保护发展报告2012》是由中山大学的学者发起的对前十年非遗保护工作的总结，以此为开始延续至今，每年他们都对前一年度全国非遗事项进行总结，形成专题报告。部分省市也完成了本区域的非遗保护和研究报告，如《2009北京非物质文化遗产研究报告》体现出很强的史料性、研究性和专业性，这一著作的出版既是对北京非遗保护工作的阶段性总结，也全面展示了北京各县区的非遗保护成果。其他省份出版的类似著作还有《新疆非物质文化遗产研究报告2012》和《河南非物质文化遗产报告（2013）》，前者集结了众多非遗学者的力量，以新疆地区为研究范围总结了新疆地区在非遗的理论、非遗个案研究和基层非遗保护等内容，展示出新疆非遗保护实践和研究现状。后者则站立在河南省十年非遗保护成果之上，针对本省非遗保护的实际，总结目前非遗保护工作存在的困局：非遗消失速度加快、基层非遗保护机构"挂靠"多、专业非遗人员缺失、专项保护经费不足、基层非遗保护设施建设不足等。也有从民族文化、区域研究等角度总结少数民族非遗保护工作成果，如《中国少数民族非物质文化遗产发展报告》，对2006-2014年间国家发布的四批非遗名录和非遗传承人中少数民族部分进行分析,并指出少数民族非遗名录存在着"单一型和复合型项目共存""多个民族共享一项非遗"的特点。《云南省乌蒙山系散杂居少数民族非物质文化遗产保护与传承研究报告》共分为"总体研究报告""专项调研报告""非遗项目综合整理""参考文献""附录"五部分,总结了近年来本区内少数民族非遗的生态特征、保护现状、存在问题等,提出"多民族和谐文化生态"的观点。

　　个人或团体的非遗保护总结以冯骥才的著作最为鲜明,冯骥才是一位"走出书屋"的知识分子,十分重视非遗田野调查,他的非遗保护实践通过记叙性散文总结非遗保护工作,成为反思和启发人们行动的知识分子,他的文章具有学术性和文学性,在学术界独树一帜,如《武强年画抢救纪实》以对文化遗产抢救性纪实写作,试图引起人们对自己身边正在消逝的宝贵文化遗产的痛感,用一种呼吁的口吻唤醒民众保护非遗的文化自觉。《豫北古画乡发现记》通过记录新发现的年画产地滑县,引导民众在民间美术类非遗保护中应树立起的观念和方法。《一个古画乡的临终抢救》以文化档案的方式记录非遗保护工作,总结非遗保护思想。在其他的著作如《灵魂不能下跪》《民间灵气》《乡土精神》《年画手记》《年画行动》等中,结合着非遗保护前沿理论提出"文化遗产日""文化不能产业化""非遗后时代""传统村落是另一种文化遗产"等观点。在具体的非遗保护工作中,也有从事非遗保护的工作者从工作实践中总结的非遗保护经验,如在浙江省从事非遗保护工作的王淼完成的《把根留住:浙江省非物质文化遗产保护的前列思考》既是他十几年来非遗保护工作的文稿汇集,也是中国从事具体非遗保护工作的缩影。

　　(3) 综合工具类

　　综合工具类包括手册、年鉴、报告、词典、百科全书等。

　　自非遗保护成为文化热点以来,对非遗的研究成为政府和学界关注的焦点,有关非遗的著作如雨后春笋,蓬勃而发,目前出版的非遗著作可分为学术类和非学术类。非学术类集中于两个方面,以非遗保护主体——各级非遗保护部门出版的非遗保护成果展示和学术团体或个人出版的科普性的非遗介绍。

　　学术类著作涉及范围广泛,主要涉及非遗学理探究、非遗现状、非遗数字化保护、系统性保护、产业化措施研究等。从目前出版的非遗著作的数量和质量来看，政策和法律研究日臻完善；非遗研究主体日益多元化，涉及艺术学、法学、教育学、文学、历史学等多个学科门类，交叉融合趋势明显；基于系统性保护理念的研究逐渐成为主流。《中国非物质文化遗产保护年度报告（2022）》指出，非遗保护应从整体意识、大局视野和学术眼光出发，全面观照保护发展的整体格局，分析基本趋势，找出存在问题并思考发展对策。十几年非遗研究呈现出从宏观到微观的趋势，很多学者也在为建立"非物质文化遗产学"努力。

国家层面和专家学者的非遗著述比较系统而完善，地方非遗保护部门出版著作停留在科学普查和普及阶段，这说明自上而下推动的非遗保护的文化自觉正在形成。

3. 如何客观评价非遗学图书

人文学科主要采用意义分析方法和解释的方法，侧重于对个体价值和意义的体验和思考，强调个性化的感受、理解与表达；社会学科则主要采用实证的方法和观察的方法，偏重从自然科学中移植的实证方法，有的还进行了实验性和定量化的研究。非遗学兼具人文学科与社会学科的属性，所以应采用综合影响力评价体系来进行评价。

定义和评价非遗学图书的学术价值我们遵循以下几个方面：

（1）系统性和规范性：非遗学图书学术价值评价过程应具备系统性和规范性，能够提供定量与定性描述结合的研究方法和评价体系。这有助于读者更好地理解和应用书中的内容。

（2）通过学术价值确定评价对象：衡量非遗学图书学术价值，以通过创新性、原创性和对学术领域和其他领域（比如政策制定、人才培养、专业传播、历史评价）的影响次数和程度来评估。例如，一本非遗学图书如果在非物质文化遗产的概念与分类、保护历史进程、基本方法与原则等方面提出了新的观点或理论，并直接促进了国家层面的政策变化，那么它的学术贡献就非常高；或者某一学术著作成为行业奉行的实践标准，那么它的学术影响力也是巨大的。

（3）使用成熟的学术评价标准：在评价非遗学图书的学术价值时，本书主要参考一些通用的学术评价标准，如被引总频次、图书馆收藏分布量和网络书评等。这些标准可以帮助评估图书的内容深度和广度，以及其在学术界的地位和认可度。

所以最终我们选定学术类图书进行评价，因为客观量化指标被引频次一项就基本上把非学术类图书排除在外。

非遗学图书综合影响力评价方法：

（1）文献计量分析法：通过统计和分析相关文献的数量、引用频次等指标，评估图书的学术影响力和传播范围。

（2）社会网络法：收集公网媒体信息，包括专家书评、官方推介，专业书评网站豆瓣读书、读书网、微信读书、孔夫子旧书网、当当网、京东图书等售卖网站书评摘要、点击记录等，进行社会影响力展现。

具体定性评价和定量评价指标见图3：

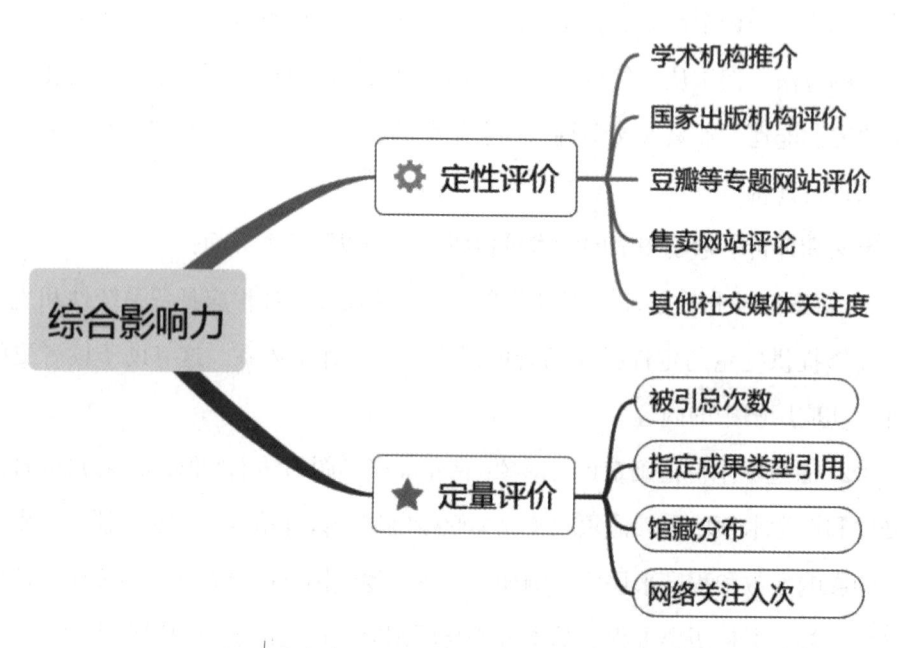

图3 非遗学术图书综合影响力评价指标体系图

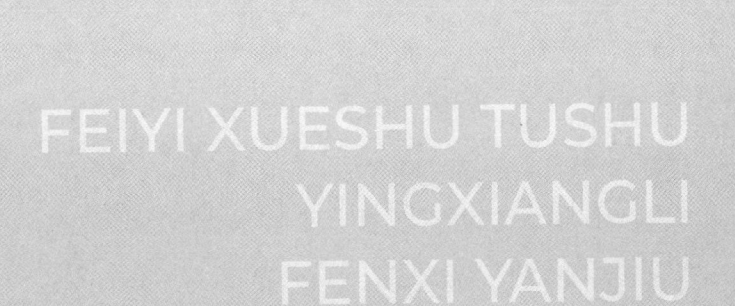

第二章
基于引文的非遗学图书学术影响力分析

第二章　基于引文的非遗学图书学术影响力分析

对于非遗学图书的学术影响力分析,我们主要基于引文频次结合其他信息(如图书馆收藏数据、获奖信息、再版信息等)进行定量评价。

在图书的学术影响力评价中,使用最频繁也是范围最广的是引文分析法。引文分析法是对学术文献中引文关系进行评价与了解的一种方法。既能评价单篇论文或单个作者的学术贡献,又能对整个学科或领域的知识结构及发展趋势进行综合评价。该方法通过对文献的引文与被引关系的研究,可以更好地反映知识的传播、发展及影响。引文分析方法可划分为引文著录资料分析和引文内容分析。期刊的影响因子计算就是基于引文著录信息分析。

引文著录信息分析从文献的引用频率、被引次数等定量数据统计入手进行学术文献的影响力排序。引文内容分析则在引文著录分析的基础上进一步考虑引文在正文中的位置、引用多少、引用的动机等。这种方法基于知识流动细节,能更深入地反映被引文献和引用文献之间的关系,但是分析过程复杂,容易产生偏差。

引文分析方法是一种应用很广的方法,同时,随着科技的进步,引文分析方法也发生了变化,以全文为基础的引文分析客观上可以对学术文献进行多视角、多层次的研究。在此基础上,研究人员可以掌握该领域的发展趋势,对今后的研究方向进行预测,并对其影响与价值进行评价。

本书引文基于《中国图书引证统计分析数据库》,该数据库由中国知网开发,来自我国最权威的图书出版目录库——中国版本图书馆,可查询539万余种图书的被引频次。其书目分类基于《中国图书馆分类法》(第五版)设置了22个一级学科分类和341个二级学科分类。检索图书时,可按译著、古籍、年鉴、工具书、标准、报告、文艺作品、普及读物、中小学教材与教辅资料、国内学术著作等类型对图书进行筛选。统计源文献涵盖了期刊论文5610万余篇、博硕士学位论文440万余篇、会议论文240万余篇。

使用"非遗"关键词,限定出版时间段2000年至2023年,在所有检索途径中检索到1283种图书,有引用记录的353条,去掉中小学教材、词典和年鉴等工具书得到347条,即347本非遗学相关研究的图书(见附录1)。由于图书出版后一段时间才能被其他文献引用，有滞后性，所以2023年出版的著作均无引用记录，不作为此次分析对象。

（一）图书引用分析

1. 总体被引分析

表1　图书总数、被引总频次和书均被引频次

被引图书数量（种）	总被引频次	书均被引（次）	被引图书总数占出版总数比
347	16994	48.97	27%

图书的总被引频次是衡量学术影响力的重要指标，反映了出版物的学术水平、选题价值和重要性等因素。书均被引频次不到50次，与其他学科已有研究相比较低，但与其他成果形式 [比如期刊论文，参见第四章（三）非遗学术论文分析] 相比则高很多。被引图书占比也少，还不到三成。证明该领域的图书属于非学术类占多数。这和非遗工作的实践性质和几次国内开展的普查行为密不可分。这类著作中包括地方性非遗普查成果展示、科普性非遗介绍、个人或政府的工作总结等，都鲜有引用记录。

2. 首次出版年与该年度出版图书被引总频次之间的变化分析

表2　图书引用总频次年度变化

出版年	2005	2006	2007	2008	2009	2010	2011	2012	2013	2014
引用总频次	139	4486	309	3005	2267	1839	455	645	636	799
出版年	2015	2016	2017	2018	2019	2020	2021	2022	2023	
引用总频次	694	259	297	610	281	67	33	10	0	

图 4　图书年度引用总频次趋势图

该图显示 2005 年以前基本上没有出版过有学术影响力的图书,因为那时候非遗研究工作刚刚开始,需要积累相关理论认识和实践经验。直到 2005 年才开始出版有被引记录的图书。2006 年出版的图书在过去的 18 年里获得了最多的引用次数,各种文献类型总计引用该年度出版图书达到 4486 次。其次是 2008 年出版的所有图书,累计获得了 3005 次引用。

表 3　被引图书年出版数量和平均种被引频次

出版年	2005	2006	2007	2008	2009	2010	2011	2012	2013
年出版图书数量	3	9	16	24	30	32	22	28	22
平均种被引频次	46.33	498.44	19.31	125.21	75.57	57.47	20.68	23.04	28.91
出版年	2014	2015	2016	2017	2018	2019	2020	2021	2022
年出版图书数量	27	28	23	23	20	22	11	5	2
平均种被引频次	29.59	24.79	11.26	12.91	30.50	12.77	6.09	6.60	5.00

表 3 中的"年出版图书数量"是指当年出版并且有引用记录的图书数量,不是真实出版的图书数量。从 2008 年至今,每年的非遗学具有较高学术影响力的著作出版都很稳定,不超过 30 种。2020 以后因为时间对引用次数的影响显著,所

以还有一些图书未进入此次分析范围。可以据此判断非遗学研究领域的学术图书其大部分引用体现在出版后 15 年间，或者说该学科学术图书的生命力不少于 15 年。

3. 出版地分析

表 4　出版地占比一览表

出版地	计数	占比
北京	161	46.40%
江苏	26	7.49%
湖北	14	4.03%
四川	14	4.03%
浙江	14	4.03%
广东	12	3.46%
辽宁	10	2.88%
云南	8	2.31%
甘肃	7	2.02%
贵州	7	2.02%
山东	7	2.02%
上海	7	2.02%
其他	60	17.30%

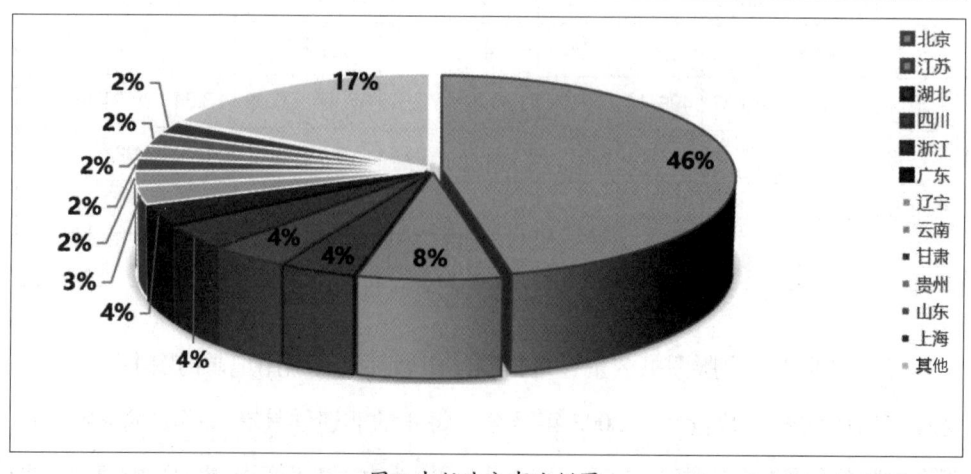

图 5 出版地分布比例图

结论：出版地排名前五分别是北京、江苏、湖北、四川和浙江。北京排名第一，是因为全国41%的出版社都在北京。北京作为中国的首都，拥有众多的出版社，主要源于政策支持、学术资源聚集、文化市场需求和行业集中效应。政府资助的各种文化项目为出版社提供了良好的发展环境。北京有众多高等教育机构和研究院所，这些学术中心为出版社提供了丰富的知识资源和人才储备，有利于高质量图书的出版。北京有大量的文化消费者，这为出版社的发展提供了广阔的市场空间。由于北京已经形成了较为完善的出版产业链，相关的编辑、印刷、发行等配套服务一应俱全，使得新的出版社更愿意选择在北京设立，形成产业集群效应。对于图书销售而言，北京读者的版权意识较强，这有助于保障出版社的利益和可持续发展。出版地占比也反映出江苏、湖北、四川和浙江在非物质文化遗产的保护与传承工作和相关研究上比较重视。

4. 出版社分析

表5　出版社分布一览表

出版单位	计数	占比
文化艺术出版社	22	6.3%
中国社会科学出版社	16	4.6%
民族出版社	13	3.7%
知识产权出版社	11	3.2%
苏州大学出版社	10	2.9%
中国文联出版社	8	2.3%
社会科学文献出版社	7	2.0%
学苑出版社	7	2.0%
法律出版社	6	1.7%
西南交通大学出版社	5	1.4%
中国文史出版社	5	1.4%
北京大学出版社	4	1.2%
华中科技大学出版社	4	1.2%

续表

表5 出版社分布一览表

出版单位	计数	占比
人民出版社	4	1.2%
新疆人民出版社	4	1.2%
云南民族出版社	4	1.2%
中山大学出版社	4	1.2%
中央民族大学出版社	4	1.2%
其他	209	60.23%

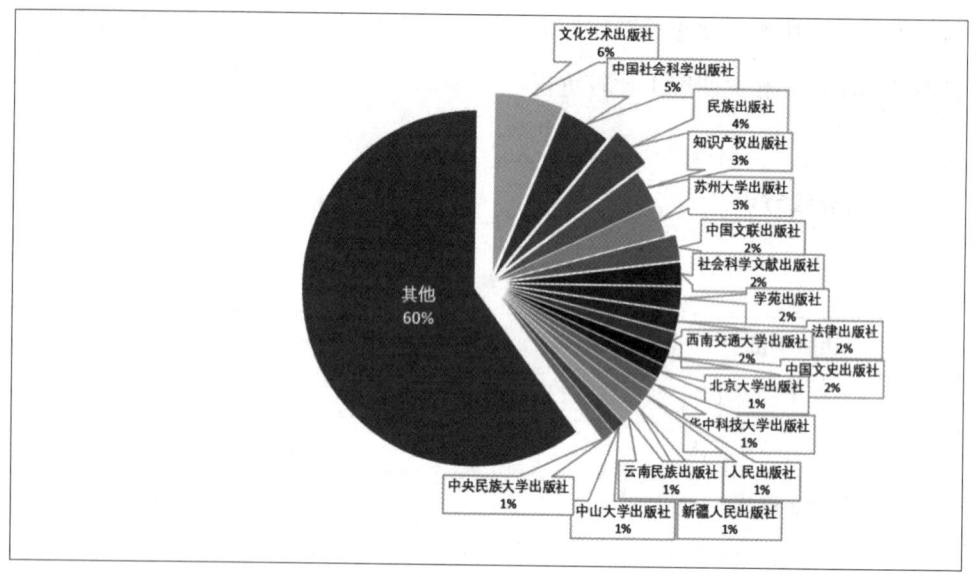

图6 出版社分布饼图

结论：出版社较分散。文化艺术出版社、中国社会科学出版社、民族出版社、知识产权出版社、苏州大学出版社、中国文联出版社、社会科学文献出版社和学苑出版社占比较高，这些出版社都有较为明显的出版特色和选题倾向，这和过去二十年非遗研究的主要内容非常契合。比如以民俗学、文化学视角解读非遗现象和非遗保护，以历史文献学、考古学研究方法进行非遗项目普查，重视知识产权与法律保护方面的研究等。

5. 图书被引分析

表6 被引总频次排名前一百

书名	责任者	二级学科	出版单位	首版年	总被引频次
非物质文化遗产概论	王文章	世界史	文化艺术出版社	2006	3614
非物质文化遗产概论	王文章	世界史	教育科学出版社	2008	2074
非物质文化遗产学	苑利、顾军	世界史	高等教育出版社	2009	786
非物质文化遗产保护理论与方法	乌丙安	中国通史	文化艺术出版社	2010	665
非物质文化遗产：理论与实践	刘锡诚	世界史	学苑出版社	2009	370
非物质文化遗产学论集	陶立璠、樱井龙彦	世界史	学苑出版社	2006	352
非物质文化遗产保护研究	宋俊华、王开桃	中国通史	中山大学出版社	2013	280
非物质文化遗产保护与田野工作方法	王文章	中国通史	文化艺术出版社	2008	275
非物质文化遗产概论	牟延林	世界史	北京师范大学出版社	2009	263
非物质文化遗产数字化研究	杨红	博物馆事业	社会科学文献出版社	2014	243
非物质文化遗产的知识产权保护	李秀娜	行政法	法律出版社	2010	227
文化人类学与非物质文化遗产	麻国庆、朱伟	世界各国文化与文化事业	生活·读书·新知三联书店	2018	216
中国少数民族非物质文化遗产教程	贾银忠	中国民族史志	民族出版社	2008	192
中国非物质文化遗产保护法律机制研究	王鹤云、高绍安	行政法	知识产权出版社	2009	191
非物质文化遗产传承研究	张仲谋	中国通史	文化艺术出版社	2010	183
中国非物质文化遗产百科全书	冯骥才	—	中国文联出版社	2014	163
中国非物质文化遗产保护论坛论文集	王文章	中国通史	文化艺术出版社	2006	161
世界非物质文化遗产	向云驹	世界史	宁夏人民出版社	2006	160

续表

书名	责任者	二级学科	出版单位	首版年	总被引频次
非物质文化遗产保护问题研究	中国社会科学院知识产权中心	中国通史	知识产权出版社	2012	134
都市发展与非物质文化遗产传承	姚朝文、袁瑾	中国通史	北京大学出版社	2009	132
非物质文化遗产保护国际法制研究	李墨丝	行政法	法律出版社	2010	131
"文化自觉"视野中的"非遗"保护	方李莉	中国通史	北京时代华文书局	2015	127
传统村落与非物质文化遗产保护研究	汪欣	中国地理	知识产权出版社	2014	124
解读非物质文化遗产	向云驹	世界史	宁夏人民出版社	2009	117
少数民族非物质文化遗产研究	安学斌	音乐	民族出版社	2008	114
我国非物质文化遗产的法律保护研究	赵方	行政法	中国社会科学出版社	2010	97
非物质文化遗产	杨红	世界各国文化与文化事业	清华大学出版社	2019	97
非物质文化遗产精要	段宝林	世界史	中国社会出版社	2007	96
少数民族非物质文化遗产教育传承研究	普丽春	中国民族史志	民族出版社	2010	94
音乐类非物质文化遗产保护概论	李爱真、吴跃华	音乐	中国矿业大学出版社	2011	94
非物质文化遗产概论	王巨山	文化理论	学苑出版社	2012	94
非物质文化遗产的法律保护	杨明	行政法	北京大学出版社	2014	87
音乐类非物质文化遗产保护的理论与实践	田青	音乐	安徽文艺出版社	2012	85
抢救保护非物质文化遗产	郝苏民、文化	中国民族史志	民族出版社	2006	84
中国非物质文化遗产保护研究	文化部民族民间文艺发展中心	中国通史	北京师范大学出版社	2007	83
文化创意和非遗保护	马知遥、孙锐	中国通史	天津大学出版社	2013	82
非物质文化遗产与民间美术研究文集	乔晓光	中国通史	江西美术出版社	2008	79
武陵地区非物质文化遗产及其文献集成	胡萍、蔡清万	中国通史	民族出版社	2008	78

续表

书名	责任者	二级学科	出版单位	首版年	总被引频次
非物质文化遗产的创意价值研究	汪广松	中国通史	中国社会科学出版社	2015	78
中国非物质文化遗产保护十年	汪欣	中国通史	知识产权出版社	2015	78
我国非物质文化遗产行政法保护研究	高轩	行政法	法律出版社	2012	76
非物质文化遗产保护研究文集	李荣启	中国通史	文化艺术出版社	2015	75
中国少数民族非物质文化遗产法律保护基本问题研究	韩小兵	行政法	中央民族大学出版社	2011	72
中国羌族非物质文化遗产概论	贾银忠	中国民族史志	民族出版社	2010	70
政策视野中的少数民族非物质文化遗产	赵学义、关凯	中国民族史志	民族出版社	2010	69
非物质文化遗产的传播研究	何华湘	中国通史	中国书籍出版社	2013	68
新形势下中国非物质文化遗产保护与传承关键性问题研究	鲁春晓	世界各国文化与文化事业	中国社会科学出版社	2017	68
中国非物质文化遗产	叶春生	中国通史	中山大学出版社	2005	62
非物质文化遗产保护领域社会力量研究	张兆林、齐如林、束华娜	世界各国文化与文化事业	中国社会科学出版社	2017	61
国外非物质文化遗产保护的经验与启示	曹德明	世界各国文化与文化事业	社会科学文献出版社	2018	60
非物质文化遗产保护国际学术研讨会论文集	王文章	世界各国文化与文化事业	文化艺术出版社	2005	56
非物质文化遗产保护与本土经验	潘年英	中国民族史志	贵州人民出版社	2009	56
贵州非物质文化遗产研究	申茂平	中国地方史志	知识产权出版社	2009	56
非物质文化遗产与艺术人类学	中国艺术人类学学会	文化理论	学苑出版社	2012	54
壮剧艺术与非物质文化遗产保护	廖明君	戏剧、曲艺、杂技艺术	广西人民出版社	2008	53
非物质文化遗产导论	覃业银、张红专	世界史	辽宁大学出版社	2008	51
人类非物质文化遗产代表作	邹启山	世界地理	大象出版社	2006	50
生生遗续 代代相承	彭兆荣	世界各国文化与文化事业	北京大学出版社	2017	50

续表

书名	责任者	二级学科	出版单位	首版年	总被引频次
UNESCO《保护非物质文化遗产公约》述论	钱永平	世界各国文化与文化事业	中山大学出版社	2013	49
土家族非物质文化的教育保护与传承研究	谭志松	中国民族史志	民族出版社	2011	48
非物质文化遗产的法律保护体系	刘红婴	行政法	知识产权出版社	2014	48
非物质文化遗产保护的理论与实践	林青	世界各国文化与文化事业	人民邮电出版社	2018	42
非物质文化遗产研究集刊	浙江师范大学浙江省非物质文化遗产研究基地	世界史	学苑出版社	2008	41
音乐类非物质文化遗产保护国际学术研讨会论文集	田青、秦序	音乐	文化艺术出版社	2009	41
中国的世界非物质文化遗产	于海广	中国通史	山东画报出版社	2011	41
荆楚国家级非物质文化遗产	左尚鸿、张友云	中国地方史志	湖北人民出版社	2008	40
非物质文化遗产与历史变迁中的地方社会	马莉	中国通史	人民出版社	2011	40
非物质文化遗产数字化应用与教育化传承研究	刘正宏	世界各国文化与文化事业	中国轻工业出版社	2018	39
汉绣与非物质文化遗产保护论文集	冯泽民	工艺美术	武汉出版社	2011	38
非物质文化遗产保护与民间文学	刘守华	中国通史	华中师范大学出版社	2014	38
少数民族非物质文化遗产研究	祁庆富、史晖	中国民族史志	中央民族大学出版社	2015	37
中国非物质文化遗产	张庆善	中国通史	文化艺术出版社	2006	36
民族自治地方少数民族非物质文化遗产的法律保护研究	包桂荣	行政法	民族出版社	2010	35
土家族非物质文化遗产研究	谭志国	中国民族史志	世界图书出版广东有限公司	2013	35
民间非物质文化的大学传承	刘慧群	中国民族史志	西南交通大学出版社	2010	34
云南民族口传非物质文化遗产总目提要	普学旺	图书报刊目录、文摘、索引	云南教育出版社	2008	33

续表

书名	责任者	二级学科	出版单位	首版年	总被引频次
民间叙事与非物质文化遗产	林继富	中国文学评论和研究	中国社会出版社	2012	33
非物质文化遗产概论	陈淑娇	文化理论	中国人民大学出版社	2015	33
贵州少数民族非物质文化遗产传承人保护研究	陈静梅	艺术理论	中国社会科学出版社	2016	33
回归生活	陈勤建	世界各国文化与文化事业	上海人民出版社	2018	33
知识经济与视觉文化视野下的非物质文化遗产保护与开发	白慧颖	中国通史	北京理工大学出版社	2012	32
甘肃非物质文化遗产概论	徐凤	中国地方史志	甘肃人民出版社	2014	32
非物质文化遗产旅游开发	欧阳正宇、彭睿娟	旅游经济	吉林出版集团股份有限公司	2016	32
非物质文化遗产保护与开发的经济学分析	王松华	中国通史	西南财经大学出版社	2009	30
中国经验	乔晓光、陈明潞	世界各国文化与文化事业	江西美术出版社	2018	30
扬州首批非物质文化遗产概览	陆苏华	中国地方史志	广陵书社	2008	29
河南非物质文化遗产传承与产业化研究	汪振军	中国地方史志	中国社会科学出版社	2014	29
中国纺织类非物质文化遗产概论	赵宏、曹明福	工业经济、信息产业经济	中国纺织出版社有限公司	2015	29
非物质文化遗产视野下的民俗艺术与宗教艺术	黄泽	工艺美术	海南出版社	2008	28
非物质文化遗产保护模式创新实证研究	朱祥贵	中国地方史志	厦门大学出版社	2014	28
遗产·空间·新制序	王巨山	博物馆事业	商务印书馆	2018	28
"后非遗"时代与生态中国之路的思考	方李莉	世界各国文化与文化事业	文化艺术出版社	2019	28
论非物质文化遗产保护	王文章	中国通史	文化艺术出版社	2009	27
非物质文化遗产保护与文化产业发展	李昕	中国通史	江苏人民出版社	2010	27
吕梁市非物质文化遗产荟萃	杜旭华	中国地方史志	山西人民出版社	2010	27

续表

书名	责任者	二级学科	出版单位	首版年	总被引频次
关中非物质文化遗产研究	隋丽娜	中国地方史志	南开大学出版社	2014	27
中国非物质文化遗产资源图谱研究	蔡丰明	世界各国文化与文化事业	上海社会科学院出版社	2016	27
非物质文化遗产法律保护研究	张洁	行政法	中国法制出版社	2018	27
新疆非物质文化遗产代表作	新疆维吾尔自治区文化厅	风俗习惯	新疆人民出版社	2006	26
四川民族地区国家级非物质文化遗产	何永斌	中国地方史志	四川大学出版社	2009	26

表7 近五年被引频次排名前一百

书名	责任者	二级学科	出版单位	首版年	5年被引频次
非物质文化遗产概论	王文章	世界史	文化艺术出版社	2006	932
非物质文化遗产概论	王文章	世界史	教育科学出版社	2008	834
非物质文化遗产学	苑利、顾军	世界史	高等教育出版社	2009	375
非物质文化遗产保护理论与方法	乌丙安	中国通史	文化艺术出版社	2010	260
文化人类学与非物质文化遗产	麻国庆、朱伟	世界各国文化与文化事业	生活·读书·新知三联书店	2018	216
非物质文化遗产保护研究	宋俊华、王开桃	中国通史	中山大学出版社	2013	164
非物质文化遗产数字化研究	杨红	博物馆事业	社会科学文献出版社	2014	126
非物质文化遗产概论	牟延林	世界史	北京师范大学出版社	2009	114
中国非物质文化遗产百科全书	冯骥才		中国文联出版社	2014	97
非物质文化遗产	杨红	世界各国文化与文化事业	清华大学出版社	2019	97
"文化自觉"视野中的"非遗"保护	方李莉	中国通史	北京时代华文书局	2015	90
非物质文化遗产：理论与实践	刘锡诚	世界史	学苑出版社	2009	79

续表

书名	责任者	二级学科	出版单位	首版年	5年被引频次
传统村落与非物质文化遗产保护研究	汪欣	中国地理	知识产权出版社	2014	69
新形势下中国非物质文化遗产保护与传承关键性问题研究	鲁春晓	世界各国文化与文化事业	中国社会科学出版社	2017	62
国外非物质文化遗产保护的经验与启示	曹德明	世界各国文化与文化事业	社会科学文献出版社	2018	60
非物质文化遗产保护研究文集	李荣启	中国通史	文化艺术出版社	2015	57
文化创意和非遗保护	马知遥、孙锐	中国通史	天津大学出版社	2013	56
非物质文化遗产保护与田野工作方法	王文章	中国通史	文化艺术出版社	2008	54
非物质文化遗产的创意价值研究	汪广松	中国通史	中国社会科学出版社	2015	52
非物质文化遗产保护领域社会力量研究	张兆林、齐如林、束华娜	世界各国文化与文化事业	中国社会科学出版社	2017	52
生生遗续 代代相承	彭兆荣	世界各国文化与文化事业	北京大学出版社	2017	49
中国非物质文化遗产保护法律机制研究	王鹤云、高绍安	行政法	知识产权出版社	2009	48
非物质文化遗产传承研究	张仲谋	中国通史	文化艺术出版社	2010	46
中国非物质文化遗产保护十年	汪欣	中国通史	知识产权出版社	2015	46
非物质文化遗产的知识产权保护	李秀娜	行政法	法律出版社	2010	45
中国少数民族非物质文化遗产教程	贾银忠	中国民族史志	民族出版社	2008	45
非物质文化遗产概论	王巨山	文化理论	学苑出版社	2012	43
非物质文化遗产的传播研究	何华湘	中国通史	中国书籍出版社	2013	41
非物质文化遗产保护的理论与实践	林青	世界各国文化与文化事业	人民邮电出版社	2018	41
非物质文化遗产学论集	陶立璠、樱井龙彦	世界史	学苑出版社	2006	39

续表

书名	责任者	二级学科	出版单位	首版年	5年被引频次
解读非物质文化遗产	向云驹	世界史	宁夏人民出版社	2009	39
非物质文化遗产数字化应用与教育化传承研究	刘正宏	世界各国文化与文化事业	中国轻工业出版社	2018	39
非物质文化遗产的法律保护	杨明	行政法	北京大学出版社	2014	38
音乐类非物质文化遗产保护概论	李爱真、吴跃华	音乐	中国矿业大学出版社	2011	34
回归生活	陈勤建	世界各国文化与文化事业	上海人民出版社	2018	33
非物质文化遗产与艺术人类学	中国艺术人类学学会	文化理论	学苑出版社	2012	32
都市发展与非物质文化遗产传承	姚朝文、袁瑾	中国通史	北京大学出版社	2009	31
非物质文化遗产保护问题研究	中国社会科学院知识产权中心	中国通史	知识产权出版社	2012	30
少数民族非物质文化遗产教育传承研究	普丽春	中国民族史志	民族出版社	2010	30
非物质文化遗产与民间美术研究文集	乔晓光	中国通史	江西美术出版社	2008	30
中国经验	乔晓光、陈明潇	世界各国文化与文化事业	江西美术出版社	2018	30
中国非物质文化遗产保护论坛论文集	王文章	中国通史	文化艺术出版社	2006	29
非物质文化遗产保护国际法制研究	李墨丝	行政法	法律出版社	2010	29
音乐类非物质文化遗产保护的理论与实践	田青	音乐	安徽文艺出版社	2012	29
UNESCO《保护非物质文化遗产公约》述论	钱永平	世界各国文化与文化事业	中山大学出版社	2013	29
遗产·空间·新制序	王巨山	博物馆事业	商务印书馆	2018	28
"后非遗"时代与生态中国之路的思考	方李莉	世界各国文化与文化事业	文化艺术出版社	2019	28
我国非物质文化遗产行政法保护研究	高轩	行政法	法律出版社	2012	27

续表

书名	责任者	二级学科	出版单位	首版年	5年被引频次
世界非物质文化遗产	向云驹	世界史	宁夏人民出版社	2006	26
少数民族非物质文化遗产研究	祁庆富、史晖	中国民族史志	中央民族大学出版社	2015	26
非物质文化遗产法律保护研究	张洁	行政法	中国法制出版社	2018	26
中国非物质文化遗产保护研究	文化部民族民间文艺发展中心	中国通史	北京师范大学出版社	2007	25
中国纺织类非物质文化遗产概论	赵宏、曹明福	工业经济、信息产业经济	中国纺织出版社有限公司	2015	25
我国非物质文化遗产的法律保护研究	赵方	行政法	中国社会科学出版社	2010	24
非物质文化遗产的法律保护体系	刘红婴	行政法	知识产权出版社	2014	24
贵州少数民族非物质文化遗产传承人保护研究	陈静梅	艺术理论	中国社会科学出版社	2016	24
甘肃非物质文化遗产概论	徐凤	中国地方史志	甘肃人民出版社	2014	24
中国非物质文化遗产资源图谱研究	蔡丰明	世界各国文化与文化事业	上海社会科学院出版社	2016	24
非物质文化遗产精要	段宝林	世界史	中国社会出版社	2007	23
非物质文化遗产保护国际学术研讨会论文集	王文章	世界各国文化与文化事业	文化艺术出版社	2005	23
贵州非物质文化遗产研究	申茂平	中国地方史志	知识产权出版社	2009	23
中国非遗保护启示录	苑利、顾军	世界各国文化与文化事业	中国文联出版社	2018	23
少数民族非物质文化遗产研究	安学斌	音乐	民族出版社	2008	22
中国羌族非物质文化遗产概论	贾银忠	中国民族史志	民族出版社	2010	22
非物质文化遗产旅游开发	欧阳正宇、彭睿娟	旅游经济	吉林出版集团股份有限公司	2016	22
非物质文化遗产概论	陈淑姣	文化理论	中国人民大学出版社	2015	21

续表

书名	责任者	二级学科	出版单位	首版年	5年被引频次
AR技术与非物质文化遗产数字化开发	余日季	世界各国文化与文化事业	人民出版社	2017	21
非物质文化遗产	满珂	世界各国文化与文化事业	科学出版社	2019	21
"非遗"保护前沿问题研究	马知遥、张加万、潘刚	世界各国文化与文化事业	天津社会科学院出版社	2016	20
非物质文化遗产保护模式创新实证研究	朱祥贵	中国地方史志	厦门大学出版社	2014	19
少数民族非物质文化遗产的知识产权保护模式研究	穆伯祥	行政法	知识产权出版社	2015	19
中国非物质文化遗产保护机制研究	叶鹏	中国通史	中国社会科学出版社	2016	19
非物质文化遗产科学保护论	李荣启	中国通史	中国文联出版社	2020	19
中国少数民族非物质文化遗产法律保护基本问题研究	韩小兵	行政法	中央民族大学出版社	2011	18
非物质文化遗产保护与民间文学	刘守华	中国通史	华中师范大学出版社	2014	18
少数民族非物质文化遗产法律保护研究	才让塔	行政法	中国政法大学出版社	2015	18
非物质文化遗产产业化法律规制研究	刘云升、刘忠平	行政法	知识产权出版社	2017	18
非物质文化遗产数字化研究	夏三鳌	博物馆事业	中国社会科学出版社	2017	18
现代化进程中的非物质文化遗产和保护	王燕	世界各国文化与文化事业	文化艺术出版社	2018	18
政策视野中的少数民族非物质文化遗产	赵学义、关凯	中国民族史志	民族出版社	2010	17
非物质文化遗产导论	覃业银、张红专	世界史	辽宁大学出版社	2008	17
荆楚国家级非物质文化遗产	左尚鸿、张友云	中国地方史志	湖北人民出版社	2008	17
非遗语境下的戏曲研究	刘文峰	中国文学评论和研究	文化艺术出版社	2016	17
联合国及相关国家的遗产体系	彭兆荣	世界各国文化与文化事业	北京大学出版社	2018	17

续表

书名	责任者	二级学科	出版单位	首版年	5年被引频次
非物质文化遗产数字化	王历	行政法	法律出版社	2019	17
壮剧艺术与非物质文化遗产保护	廖明君	戏剧、曲艺、杂技艺术	广西人民出版社	2008	16
汉绣与非物质文化遗产保护论文集	冯泽民	工艺美术	武汉出版社	2011	16
民间叙事与非物质文化遗产	林继富	中国文学评论和研究	中国社会出版社	2012	16
非物质文化遗产研究集刊	陈华文	中国通史	浙江工商大学出版社	2014	16
非物质文化遗产私权保护理论与实务研究	董新中	行政法	知识产权出版社	2016	16
音乐类非物质文化遗产保护国际学术研讨会论文集	田青、秦序	音乐	文化艺术出版社	2009	15
少数民族非物质文化遗传承人法律保护研究	田艳	行政法	中央民族大学出版社	2017	15
东北非物质文化遗产丛书	刘铁梁、王凯旋	世界各国文化与文化事业	东北大学出版社	2018	15
武陵地区非物质文化遗产及其文献集成	胡萍、蔡清万	中国通史	民族出版社	2008	14
人类非物质文化遗产代表作	邹启山	世界地理	大象出版社	2006	14
土家族非物质文化遗产研究	谭志国	中国民族史志	世界图书出版广东有限公司	2013	14
非物质文化遗产与民俗	徐华龙	中国通史	杭州出版社	2012	14
非物质文化遗产旅游化生存模式及风险研究	李烨	旅游经济	南开大学出版社	2015	14
中国非物质文化遗产	叶春生	中国通史	中山大学出版社	2005	13
非物质文化遗产与历史变迁中的地方社会	马莉	中国通史	人民出版社	2011	13

注：完整的书目请参见附录1

前十本图书被引总频次8922次，占总体被引图书引用频次总量一半（8497次）以上；其平均出版时间在2009年，由此得出非遗学图书被引半衰期是14.8≈15年。这个指标可以用来衡量文献的学术生命力，其值越长，说明文献的学术生命也越长，该文献越有长期的参考价值。根据已有研究表明，考古学文献的被引半衰期为 15.5 年，历史学为 13 年，艺术学为 9.1 年，宗教学是 8.6 年，民族学是 7.7 年，语言学是 5.4 年，心理学是 4.4 年，经济学是 2-3 年，生物学是 2-4 年，医学是 2-3 年……

计算机科学在 2004 年有学者研究数据显示其被引半衰期是 5.5 年，2015 年另一个学者发文显示是 4.16 年到 3.41 年之间。证明某一学科的学术著作半衰期也是随时间变化有所变化，比较而言，现有的很多学科的学术文献半衰期都在缩短的过程中。

被引半衰期主要反映了一个学科学术文献的更新和老化速度。非遗学图书半衰期最长，说明了可能由于研究问题的持续性和复杂性，导致早期的研究在长时间内仍然具有参考价值。换句话说，可能是由于新生学科或者其尚未固定的学术体系，高度的专业化，新的突破可能较难实现，因此学者们可能会长期依赖一些基础性的研究成果。还有可能是在一些应用性强的学科中，长期被引用的文献可能对政策制定和实践应用有指导性的作用。所以，非遗学研究在这里被证明是复杂的、尚未有自有成熟理论体系的、实践性强的新兴科学。

被引半衰期长的文献常常成为教育和学习的重要资源，对于培养新学者和学生理解学科基础至关重要。所以我们看到在排名前十的图书里，有一半都是大学相关专业和课程的教材。这在后续第六点学位论文引用分析单元我们会再次提到。

非遗学图书整体学术影响力过于集中在极少数图书上，具有广泛影响力的图书数量太少。这和帕累托分布（也叫二八分化）一致，表现在非遗研究上则更显得突出。少数图书在该领域的绝对权威对学术发展的影响，这既有利也有弊。一方面，权威的存在证明研究者群体对非遗研究领域基本概念、基本理论框架的共识，可以带动整个科研机构的学术话语权发展，提升学术共同体在社会系统中的地位和影响。而另一方面，反映出该领域在学术界和实践中的重要性尚未得到充分认可和广泛传播。

图书内容方面，关于非遗学科建设、中国特色文化遗产体系建设、系统性保护与可持续发展、非遗实践的法律保障、新技术与数字化、产业化与乡村振兴、地方非遗调查等，都比较丰富。但显示文化基因提取和非遗活态传承等方向的研究虽然有所展开，但整体上仍处于初步阶段，缺乏全面系统的理论框架和方法论支持。

具有影响力的著作少，也反映了该领域在学术界和实践中的地位尚未完全确立，需要通过加强学科建设、扩大跨学科合作、深化理论与实践结合及提升国际影响力等多方面的努力来推动其发展。

6. 学位论文引用分析

表8　近五年博硕士论文引用数量排名前一百

书名	责任者	出版单位	首版年	硕博士论文引用数
非物质文化遗产概论	王文章	文化艺术出版社	2006	1856
非物质文化遗产概论	王文章	教育科学出版社	2008	1067
非物质文化遗产保护理论与方法	乌丙安	文化艺术出版社	2010	469
非物质文化遗产学	苑利、顾军	高等教育出版社	2009	450
非物质文化遗产	刘锡诚	学苑出版社	2009	252
非物质文化遗产学论集	陶立璠、樱井龙彦	学苑出版社	2006	206
非物质文化遗产保护与田野工作方法	王文章	文化艺术出版社	2008	194
非物质文化遗产概论	牟延林	北京师范大学出版社	2009	166
非物质文化遗产保护研究	宋俊华、王开桃	中山大学出版社	2013	158
非物质文化遗产的知识产权保护	李秀娜	法律出版社	2010	148
非物质文化遗产传承研究	张仲谋	文化艺术出版社	2010	127
非物质文化遗产数字化研究	杨红	社会科学文献出版社	2014	126
中国非物质文化遗产保护法律机制研究	王鹤云、高绍安	知识产权出版社	2009	121
文化人类学与非物质文化遗产	麻国庆、朱伟	生活·读书·新知三联书店	2018	118
世界非物质文化遗产	向云驹	宁夏人民出版社	2006	111
中国非物质文化遗产保护论坛论文集	王文章	文化艺术出版社	2006	106
非物质文化遗产保护问题研究	中国社会科学院知识产权中心	知识产权出版社	2012	97

续表

书名	责任者	出版单位	首版年	硕博士论文引用数
非物质文化遗产保护国际法制研究	李墨丝	法律出版社	2010	93
解读非物质文化遗产	向云驹	宁夏人民出版社	2009	89
都市发展与非物质文化遗产传承	姚朝文、袁瑾	北京大学出版社	2009	88
传统村落与非物质文化遗产保护研究	汪欣	知识产权出版社	2014	87
我国非物质文化遗产的法律保护研究	赵方	中国社会科学出版社	2010	72
非物质文化遗产精要	段宝林	中国社会出版社	2007	72
少数民族非物质文化遗产研究	安学斌	民族出版社	2008	70
非物质文化遗产概论	王巨山	学苑出版社	2012	70
"文化自觉"视野中的"非遗"保护	方李莉	北京时代华文书局	2015	70
非物质文化遗产的法律保护	杨明	北京大学出版社	2014	62
少数民族非物质文化遗产教育传承研究	普丽春	民族出版社	2010	60
非物质文化遗产	杨红	清华大学出版社	2019	60
我国非物质文化遗产行政法保护研究	高轩	法律出版社	2012	59
中国非物质文化遗产保护十年	汪欣	知识产权出版社	2015	56
非物质文化遗产的创意价值研究	汪广松	中国社会科学出版社	2015	54
非物质文化遗产保护研究文集	李荣启	文化艺术出版社	2015	54
中国非物质文化遗产保护研究	文化部民族民间文艺发展中心	北京师范大学出版社	2007	52
非物质文化遗产与民间美术研究文集	乔晓光	江西美术出版社	2008	52
中国少数民族非物质文化遗产法律保护基本问题研究	韩小兵	中央民族大学出版社	2011	50
文化创意和非遗保护	马知遥、孙锐	天津大学出版社	2013	49
抢救保护非物质文化遗产	郝苏民、文化	民族出版社	2006	47
新形势下中国非物质文化遗产保护与传承关键性问题研究	鲁春晓	中国社会科学出版社	2017	46

续表

书名	责任者	出版单位	首版年	硕博士论文引用数
政策视野中的少数民族非物质文化遗产	赵学义、关凯	民族出版社	2010	42
音乐类非物质文化遗产保护概论	李爱真、吴跃华	中国矿业大学出版社	2011	41
非物质文化遗产保护领域社会力量研究	张兆林、齐如林、束华娜	中国社会科学出版社	2017	41
非物质文化遗产保护与本土经验	潘年英	贵州人民出版社	2009	40
非物质文化遗产的传播研究	何华湘	中国书籍出版社	2013	39
非物质文化遗产保护国际学术研讨会论文集	王文章	文化艺术出版社	2005	39
音乐类非物质文化遗产保护的理论与实践	田青	安徽文艺出版社	2012	38
非物质文化遗产与艺术人类学	中国艺术人类学学会	学苑出版社	2012	38
中国非物质文化遗产	叶春生	中山大学出版社	2005	36
土家族非物质文化的教育保护与传承研究	谭志松	民族出版社	2011	35
非物质文化遗产的法律保护体系	刘红婴	知识产权出版社	2014	35
非物质文化遗产保护的理论与实践	林青	人民邮电出版社	2018	35
非物质文化遗产导论	覃业银、张红专	辽宁大学出版社	2008	33
民族自治地方少数民族非物质文化遗产的法律保护研究	包桂荣	民族出版社	2010	32
国外非物质文化遗产保护的经验与启示	曹德明	社会科学文献出版社	2018	32
中国羌族非物质文化遗产概论	贾银忠	民族出版社	2010	30
非物质文化遗产与历史变迁中的地方社会	马莉	人民出版社	2011	30
UNESCO《保护非物质文化遗产公约》述论	钱永平	中山大学出版社	2013	30
武陵地区非物质文化遗产及其文献集成	胡萍、蔡清万	民族出版社	2008	28
土家族非物质文化遗产研究	谭志国	世界图书出版广东有限公司	2013	28
荆楚国家级非物质文化遗产	左尚鸿、张友云	湖北人民出版社	2008	28
贵州非物质文化遗产研究	申茂平	知识产权出版社	2009	28

续表

书名	责任者	出版单位	首版年	硕博士论文引用数
少数民族非物质文化遗产研究	祁庆富、史晖	中央民族大学出版社	2015	27
非物质文化遗产研究集刊	浙江师范大学浙江省非物质文化遗产研究基地	学苑出版社	2008	27
回归生活	陈勤建	上海人民出版社	2018	25
非物质文化遗产保护与民间文学	刘守华	华中师范大学出版社	2014	25
人类非物质文化遗产代表作	邹启山	大象出版社	2006	24
甘肃非物质文化遗产概论	徐凤	甘肃人民出版社	2014	24
非物质文化遗产保护模式创新实证研究	朱祥贵	厦门大学出版社	2014	24
壮剧艺术与非物质文化遗产保护	廖明君	广西人民出版社	2008	23
中国的世界非物质文化遗产	于海广	山东画报出版社	2011	23
民间文学类非物质文化遗产保护研究	马文辉、陈理	中国社会科学出版社	2015	23
贵州少数民族非物质文化遗产传承人保护研究	陈静梅	中国社会科学出版社	2016	23
中国非物质文化遗产	张庆善	文化艺术出版社	2006	22
音乐类非物质文化遗产保护国际学术研讨会论文集	田青、秦序	文化艺术出版社	2009	22
非物质文化遗产概论	陈淑姣	中国人民大学出版社	2015	22
非物质文化遗产保护与开发的经济学分析	王松华	西南财经大学出版社	2009	22
中国非物质文化遗产保护机制研究	叶鹏	中国社会科学出版社	2016	20
知识经济与视觉文化视野下的非物质文化遗产保护与开发	白慧颖	北京理工大学出版社	2012	20
遗产·空间·新制序	王巨山	商务印书馆	2018	20
少数民族非物质文化遗产的知识产权保护模式研究	穆伯祥	知识产权出版社	2015	20
民间叙事与非物质文化遗产	林继富	中国社会出版社	2012	20
非物质文化遗产数字化应用与教育化传承研究	刘正宏	中国轻工业出版社	2018	20
云南国家级非物质文化遗产保护的理论与方法	安学斌	中国社会科学出版社	2012	19

续表

书名	责任者	出版单位	首版年	硕博士论文引用数
新疆非物质文化遗产代表作	新疆维吾尔自治区文化厅	新疆人民出版社	2006	19
民间非物质文化的大学传承	刘慧群	西南交通大学出版社	2010	19
吕梁市非物质文化遗产荟萃	杜旭华	山西人民出版社	2010	19
论非物质文化遗产保护	王文章	文化艺术出版社	2009	19
非物质文化遗产旅游开发	欧阳正宇、彭睿娟	吉林出版集团股份有限公司	2016	19
非物质文化遗产保护与文化产业发展	李昕	江苏人民出版社	2010	19
中国非物质文化遗产资源图谱研究	蔡丰明	上海社会科学院出版社	2016	18
少数民族非物质文化遗产法律保护研究	才让塔	中国政法大学出版社	2015	18
河南非物质文化遗产传承与产业化研究	汪振军	中国社会科学出版社	2014	18
非物质文化遗产视野下的民俗艺术与宗教艺术	黄泽	海南出版社	2008	18
非物质文化遗产法律保护研究	张洁	中国法制出版社	2018	18
关中非物质文化遗产研究	隋丽娜	南开大学出版社	2014	17
非物质文化景观旅游规划设计理论与实践	廖嵘	重庆大学出版社	2010	17
汉绣与非物质文化遗产保护论文集	冯泽民	武汉出版社	2011	16
非物质文化遗产与民俗	徐华龙	杭州出版社	2012	16
非物质文化遗产法概要	河山、肖水	知识产权出版社	2011	16
"非遗"保护前沿问题研究	马知遥、张加万、潘刚	天津社会科学院出版社	2016	16

通过对引用频次中硕博士论文引用数据的分析，我们可以发现：非遗研究领域的头部学者在非遗人才培养与学科建设上也是核心人物。其权威著作都是民俗学、宗教学、艺术学、社会学、考古学、历史学等领域的必读本。

例如王文章是博士研究生导师、北京大学、中国政法大学、东南大学、山东大学、俄罗斯列宾美院等大学特聘教授；乌丙安是原辽宁大学民俗研究中心主任、教授，兼任中国艺术研究院、中南民族大学等多所院校教授；苑利是中国艺术研究院研究员，博士生导师；顾军是北京联合大学应用文理学院历史系系主任；宋俊华是中山大学中文系和中国非物质文化遗产研究中心，担任教授及博士生导师；麻国庆，中央民族大学民族学与社会学学院院长、教授、博士生导师……

（二）图书收藏分析

1. 再版图书

图书再版，一方面表明这个主题图书的销量好，长时间在普通的或者特定的读者中流通；另一方面意味着图书学术生命力强，知识体系在不断完善中，需要定期修正和补充。比如王文章先生的《非物质文化遗产概论》，前后三个出版社，仅文化艺术出版社和教育科学出版社就分别再版两次。

表9 再版图书一览表

书名	责任者	出版单位	首版年	出版地	版次/卷册
新疆非物质文化遗产集锦	《新疆非物质文化遗产集锦》编委会	新疆文化出版社	2009	新疆	8
山东省级非物质文化遗产普及读本	山东省文化厅	济南出版社	2019	山东	8
中国非物质文化遗产	张庆善	文化艺术出版社	2006	北京	6
云南民族口传非物质文化遗产总目提要	普学旺	云南教育出版社	2008	云南	6
中国非物质文化遗产	叶春生	中山大学出版社	2005	广东	3
杭州市非物质文化遗产大观	何平	西泠印社出版社	2008	浙江	3
非遗保护与研究	孙桂林	吉林文史出版社	2015	吉林	3
西藏非物质文化遗产传承人口述实录	张蕊	海豚出版社	2017	北京	3
非物质文化遗产概论	王文章	文化艺术出版社	2006	北京	2

续表

书名	责任者	出版单位	首版年	出版地	版次/卷册
非物质文化遗产概论	王文章	教育科学出版社	2008	北京	2
非物质文化遗产学	苑利、顾军	高等教育出版社	2009	北京	2
非物质文化遗产保护理论与方法	乌丙安	文化艺术出版社	2010	北京	2
人类非物质文化遗产代表作	邹启山	大象出版社	2006	河南	2
非物质文化遗产概论	陈淑姣	中国人民大学出版社	2015	北京	2
安徽省非物质文化遗产乡土读本	安徽省非物质文化遗产保护中心	安徽大学出版社	2015	安徽	2
中国少数民族非物质文化遗产传承发展研究	王丹	中央民族大学出版社	2019	北京	2
淮安非物质文化遗产通览	淮安市文化广电新闻出版局	南京大学出版社	2012	江苏	2
非遗传承研究（集刊）	陆建非	上海教育出版社	2019	上海	12
东北非物质文化遗产丛书	刘铁梁、王凯旋	东北大学出版社	2018	辽宁	10
非物质文化遗产研究集刊	陈华文	浙江工商大学出版社	2014	浙江	8
玉溪市非物质文化遗产丛书	玉溪市文化局	云南人民出版社	2007	云南	4

2. 馆藏分布

表10 图书馆藏分布数（单位：个）

书名	责任者	出版单位	首版年	全国馆藏数（单位：个）	高校（单位：个）	公共（单位：个）	其他（单位：个）
国家级非物质文化遗产大观	《国家及非物质文化遗产大观》编写组	北京工业大学出版社	2006	613	470	85	58
非物质文化遗产旅游开发	欧阳正宇、彭睿娟	吉林出版集团股份有限公司	2016	412	350	44	18
非物质文化遗产概论	王文章	文化艺术出版社	2006	344	263	53	28

续表

书名	责任者	出版单位	首版年	全国馆藏数（单位：个）	高校（单位：个）	公共（单位：个）	其他（单位：个）
中国的世界非物质文化遗产	于海广	山东画报出版社	2011	291	216	56	19
土家族非物质文化遗产研究	谭志国	世界图书出版广东有限公司	2013	274	226	28	20
非物质文化遗产数字化研究	杨红	社会科学文献出版社	2014	261	220	28	13
越地非物质文化遗产综论	仲富兰、何华湘	人民出版社	2010	254	198	34	22
非物质文化遗产学	苑利、顾军	高等教育出版社	2009	253	219	20	14
非物质文化遗产的旅游生产性场域研究	马振	九州出版社	2018	239	205	20	14
世界非物质文化遗产	向云驹	宁夏人民出版社	2006	236	190	24	22
知识经济与视觉文化视野下的非物质文化遗产保护与开发	白慧颖	北京理工大学出版社	2012	216	180	19	17
非物质文化遗产与历史变迁中的地方社会	马莉	人民出版社	2011	214	168	29	17
文化人类学与非物质文化遗产	麻国庆、朱伟	生活·读书·新知三联书店	2018	204	177	13	14
汉江流域非物质文化遗产保护性旅游开发研究	朱运海	华中科技大学出版社	2017	203	189	5	9
非物质文化遗产的影像记录与呈现	娜嘉·瓦伦丁希奇·弗兰	清华大学出版社	2019	202	176	18	8
中国非物质文化的非常态研究	许响洪	中西书局	2008	200	160	21	19
中国非物质文化遗产保护机制研究	叶鹏	中国社会科学出版社	2016	199	168	22	9
非物质文化遗产概论	王文章	教育科学出版社	2008	196	161	18	17

续表

书名	责任者	出版单位	首版年	全国馆藏数（单位：个）	高校（单位：个）	公共（单位：个）	其他（单位：个）
非物质文化遗产保护问题研究	中国社会科学院知识产权中心	知识产权出版社	2012	192	157	22	13
非物质文化遗产保护国际法制研究	李墨丝	法律出版社	2010	191	156	21	14
民间叙事与非物质文化遗产	林继富	中国社会出版社	2012	186	153	24	9
体育非物质文化遗产保护的路径研究	刘洋	北京体育大学出版社	2015	186	170	10	6
AR技术与非物质文化遗产数字化开发	余日季	人民出版社	2017	185	160	19	6
非物质文化遗产的知识产权保护	罗宗奎	中国政法大学出版社	2015	183	158	14	11
非物质文化遗产保护领域社会力量研究	张兆林、齐如林、束华娜	中国社会科学出版社	2017	179	152	17	10
非物质文化遗产旅游化生存模式及风险研究	李烨	南开大学出版社	2015	178	152	15	11
非物质文化遗产学论集	陶立璠、樱井龙彦	学苑出版社	2006	178	146	16	16
中国非遗保护启示录	苑利、顾军	中国文联出版社	2018	176	146	23	7
我国非物质文化遗产行政法保护研究	高轩	法律出版社	2012	173	135	24	14
非物质文化遗产的法律保护体系	刘红婴	知识产权出版社	2014	172	141	21	10
中国非物质文化遗产资源图谱研究	蔡丰明	上海社会科学院出版社	2016	169	147	14	8
非物质文化遗产数字化研究	夏三鳌	中国社会科学出版社	2017	166	140	17	9

续表

书名	责任者	出版单位	首版年	全国馆藏数（单位：个）	高校（单位：个）	公共（单位：个）	其他（单位：个）
非物质文化遗产保护理论与方法	乌丙安	文化艺术出版社	2010	164	128	25	11
非物质文化遗产保护与民间文学	刘守华	华中师范大学出版社	2014	163	130	21	12
非物质文化遗产私权保护理论与实务研究	董新中	知识产权出版社	2016	160	139	14	7
西北少数民族非物质文化遗产概览	王雪、郑艳、王瑞华	中国社会科学出版社	2015	156	129	19	8
新形势下中国非物质文化遗产保护与传承关键性问题研究	鲁春晓	中国社会科学出版社	2017	155	134	18	3
走近非遗	聂羽彤	社会科学文献出版社	2018	155	121	23	11
非物质文化遗产保护与田野工作方法	王文章	文化艺术出版社	2008	155	126	21	8
非物质文化遗产与艺术人类学	中国艺术人类学学会	学苑出版社	2012	153	127	16	10
中国少数民族非物质文化遗产教程	贾银忠	民族出版社	2008	152	123	15	14
非物质文化遗产保护模式创新实证研究	朱祥贵	厦门大学出版社	2014	152	122	23	7
关中非物质文化遗产研究	隋丽娜	南开大学出版社	2014	151	128	13	10
抢救保护非物质文化遗产	郝苏民、文化	民族出版社	2006	148	113	22	13
中国非物质文化遗产保护十年	汪欣	知识产权出版社	2015	148	124	17	7
非物质文化遗产产业化法律规制研究	刘云升、刘忠平	知识产权出版社	2017	145	123	18	4
非物质文化遗产数字化应用与教育化传承研究	刘正宏	中国轻工业出版社	2018	141	116	19	6
少数民族非物质文化遗产法律保护研究	才让塔	中国政法大学出版社	2015	135	112	16	7

续表

书名	责任者	出版单位	首版年	全国馆藏数（单位：个）	高校（单位：个）	公共（单位：个）	其他（单位：个）
体育类非物质文化遗产研究	杨柳	科学出版社	2016	135	118	14	3
非物质文化景观旅游规划设计理论与实践	廖嵘	重庆大学出版社	2010	133	113	11	9
民间非物质文化的大学传承	刘慧群	西南交通大学出版社	2010	133	109	15	9
非物质文化遗产纵横谈	北京市文化局社文处、北京群众艺术馆、北京市西城区文化馆	民族出版社	2007	132	96	20	16
萨满艺术非物质文化遗产研究	陈佳	社会科学文献出版社	2018	132	117	10	5
非物质文化遗产资源图谱编制理论与方法	蔡丰明	上海社会科学院出版社	2020	130	110	11	9
传统村落与非物质文化遗产保护研究	汪欣	知识产权出版社	2014	130	113	12	5
非遗保护视域中的台州乱弹研究	王小天	苏州大学出版社	2014	130	106	18	6
非物质文化遗产法律保护研究	张洁	中国法制出版社	2018	130	111	12	7
解读非物质文化遗产	向云驹	宁夏人民出版社	2009	123	102	12	9
西安非物质文化遗产研究	王晓如	中国社会科学出版社	2015	121	103	11	7
淮海地区非物质文化遗产概论	张新科	商务印书馆	2017	121	105	12	4
遗产·空间·新制序	王巨山	商务印书馆	2018	120	104	12	4
广东传统非物质文化	徐燕琳	暨南大学出版社	2012	120	99	15	6
江苏省国家级第二批非物质文化遗产要览	王世华	南京师范大学出版社	2010	119	80	33	6
非遗保护与湖南花鼓戏研究	朱咏北	苏州大学出版社	2014	119	98	17	4
西部非物质文化遗产对外交流研究	李锐	中国社会科学出版社	2016	118	101	11	6
非物质文化遗产概论	王巨山	学苑出版社	2012	118	102	9	7
非物质文化遗产旅游开发系统的动态仿真研究	张魏	江西人民出版社	2014	118	100	13	5

续表

书名	责任者	出版单位	首版年	全国馆藏数（单位：个）	高校（单位：个）	公共（单位：个）	其他（单位：个）
贵州少数民族非物质文化遗产传承人保护研究	陈静梅	中国社会科学出版社	2016	117	96	14	7
土家族非物质文化的教育保护与传承研究	谭志松	民族出版社	2011	117	99	10	8
非物质文化遗产数字化	王历	法律出版社	2019	117	100	9	8
现代化进程中的非物质文化遗产和保护	王燕	文化艺术出版社	2018	116	100	12	4
非遗保护与常德丝弦研究	吴春福	苏州大学出版社	2014	115	95	17	3
中国少数民族非物质文化遗产法律保护基本问题研究	韩小兵	中央民族大学出版社	2011	114	93	11	10
河北省民族传统体育非物质文化遗产保护与传承研究	王海军	吉林大学出版社	2020	113	103	6	4
非遗保护与桑植民歌研究	杨和平	苏州大学出版社	2014	112	91	17	4
江苏百种非遗	李昕	江苏凤凰教育出版社	2012	111	62	40	9
鲜活的社会记忆	滕春娥、王萍	社会科学文献出版社	2020	111	91	12	8
非物质文化遗产濒危评价及数字化保护研究	卢杰、李昱、项佳佳	华中科技大学出版社	2018	110	96	9	5
非物质文化遗产与民俗	徐华龙	杭州出版社	2012	106	80	16	10
政策视野中的少数民族非物质文化遗产	赵学义、关凯	民族出版社	2010	105	89	12	4
中国羌族非物质文化遗产概论	贾银忠	民族出版社	2010	104	87	10	7
文创理念与非物质文化遗产传承及发展	黄晓洲	中国社会科学出版社	2021	103	90	5	8
云南国家级非物质文化遗产保护的理论与方法	安学斌	中国社会科学出版社	2012	102	79	17	6
场域视角下文化生态保护区建设研究	邓小艳	华中科技大学出版社	2017	102	91	7	4
四川民族地区国家级非物质文化遗产	何永斌	四川大学出版社	2009	101	78	13	10

续表

书名	责任者	出版单位	首版年	全国馆藏数（单位：个）	高校（单位：个）	公共（单位：个）	其他（单位：个）
土家族非物质文化遗产的学校教育传承模式研究	郑娅、池永文	中国社会科学出版社	2015	99	80	11	8
UNESCO《保护非物质文化遗产公约》述论	钱永平	中山大学出版社	2013	97	80	15	2
少数民族非物质文化遗传承人法律保护研究	田艳	中央民族大学出版社	2017	97	87	7	3
造型类非物质文化遗产概论	张昕	华中科技大学出版社	2017	97	87	6	4
中国少数民族非物质文化遗产调查研究	色音	知识产权出版社	2019	95	84	8	3
音乐类非物质文化遗产保护的理论与实践	田青	安徽文艺出版社	2012	95	84	5	6
河南非物质文化遗产传承与产业化研究	汪振军	中国社会科学出版社	2014	95	77	12	6
非遗保护与澧水船工号子研究	吴远华	苏州大学出版社	2014	95	79	12	4
荆楚国家级非物质文化遗产	左尚鸿、张友云	湖北人民出版社	2008	94	77	10	7
江苏省第一批国家级非物质文化遗产要览	王慧芬	南京师范大学出版社	2007	92	49	35	8
非遗保护与湘昆研究	吴春福	苏州大学出版社	2016	92	74	16	2
岭南非物质文化遗产保护研究	雷莹	暨南大学出版社	2013	91	74	11	6
少数民族非物质文化遗产研究	祁庆富、史晖	中央民族大学出版社	2015	91	76	8	7
重振手工 激活民俗	吕品田	文化艺术出版社	2021	89	72	9	8
非遗保护与辰州傩戏研究	池瑾璟	苏州大学出版社	2016	88	69	17	2
音乐类非物质文化遗产保护概论	李爱真、吴跃华	中国矿业大学出版社	2011	88	72	10	6
体育非物质文化遗产的反思与重建	万义	社会科学文献出版社	2020	88	73	8	7
闽台农业非遗开发与文化产权分析	刘芝凤	厦门大学出版社	2015	86	75	7	4
藏区非物质文化遗产的法制保护	安静	西南交通大学出版社	2014	84	69	10	5

续表

书名	责任者	出版单位	首版年	全国馆藏数（单位：个）	高校（单位：个）	公共（单位：个）	其他（单位：个）
中国海洋非物质文化遗产十六讲	倪浓水	海洋出版社	2019	82	71	9	2
体验非遗	尚连山	中国社会出版社	2013	82	61	15	6
非物质文化遗产文化品牌研究	刘永明	中国文联出版社	2018	81	61	12	8
安徽省非物质文化遗产乡土读本	安徽省非物质文化遗产保护中心	安徽大学出版社	2015	79	64	14	1
非物质文化遗产科学保护论	李荣启	中国文联出版社	2020	78	64	9	5
云南省少数民族体育非物质文化遗产保护与传承研究	刘坚	北京体育大学出版社	2016	76	65	8	3
合川非物质文化遗产概览	胡中华	重庆出版社	2016	75	72	2	1
走进福州非遗	池小霞	海峡文艺出版社	2015	74	60	12	2
云南少数民族非物质文化遗产保护与开发研究	张魏	商务印书馆	2019	74	61	7	6
国际唐卡艺术及非物质文化遗产保护青海论坛论文集	王能宪、曹萍	文化艺术出版社	2009	73	50	17	6
口述史视野下的贵州省音乐非物质文化遗产传承人及其音乐研究	王建朝、单晓杰	西南交通大学出版社	2019	72	66	4	2
中国非物质文化遗产保护论坛论文集	王文章	文化艺术出版社	2006	72	53	15	4
甘肃非物质文化遗产概论	徐凤	甘肃人民出版社	2014	72	58	9	5
民族自治地方少数民族非物质文化遗产的法律保护研究	包桂荣	民族出版社	2010	71	58	8	5
非物质文化遗产旅游开发的理论与实践	阚如良	中国社会科学出版社	2021	71	61	4	6
非遗文化形态学	王福州	中国文联出版社	2019	71	61	7	3
中国的非物质文化遗产	《中国的非物质文化遗产》编写组	北京语言大学出版社	2011	69	55	9	5
首都非物质文化遗产保护	北京文化论坛文集编委会	首都师范大学出版社	2013	67	51	10	6

续表

书名	责任者	出版单位	首版年	全国馆藏数（单位：个）	高校（单位：个）	公共（单位：个）	其他（单位：个）
湖南非物质文化遗产知识产权保护研究	何炼红	中南大学出版社	2017	67	53	10	4
少数民族非物质文化遗产教育传承研究	普丽春	民族出版社	2010	67	52	9	6
音乐类非物质文化遗产保护国际学术研讨会论文集	田青、秦序	文化艺术出版社	2009	67	48	12	7
非物质文化遗产研究集刊	陈华文	浙江工商大学出版社	2014	65	48	13	4
宁波非物质文化遗产创意产业化研究	陈万怀	浙江大学出版社	2017	65	54	7	4
桂滇黔少数民族特色村寨体育非物质文化遗产活态传承研究	陈炜、文冬妮	科学出版社	2020	65	57	6	2
西藏非物质文化遗产传承人口述实录	张蕊	海豚出版社	2017	63	49	12	2
非物质文化遗产旅游发展战略研究	石美玉	中国旅游出版社	2015	62	51	5	6
非物质文化遗产传承与艺术人类学研究	中国艺术人类学学会、内蒙古大学艺术学院	学苑出版社	2013	62	48	10	4
非物质文化遗产与文化创意产业融合发展实践	陈思琦、李佳、李雨竹	西南交通大学出版社	2020	59	52	5	2
汉绣与非物质文化遗产保护论文集	冯泽民	武汉出版社	2011	58	43	11	4
手工开悟	杨慧子	中国轻工业出版社	2022	58	51	5	2
玉溪市非物质文化遗产丛书	玉溪市文化局	云南人民出版社	2007	58	34	18	6
拾遗稿缄	吴露生	浙江大学出版社	2019	56	47	4	5
"非遗"保护视野下的山东梆子研究	张文明	齐鲁书社	2017	55	42	8	5
非物质文化遗产与民间美术研究文集	乔晓光	江西美术出版社	2008	53	37	10	6
台州非物质文化遗产通俗读本	汪小倩	浙江工商大学出版社	2016	53	36	16	1
"非遗"视野下的湖南地方传统音乐文化研究	李虹	湖南师范大学出版社	2014	52	43	8	1

续表

书名	责任者	出版单位	首版年	全国馆藏数（单位：个）	高校（单位：个）	公共（单位：个）	其他（单位：个）
传统医药非物质文化遗产保护理论与实践	王凤兰等	苏州大学出版社	2020	52	44	5	3
非物质文化遗产保护与本土经验	潘年英	贵州人民出版社	2009	51	34	10	7
鼓车道	王若光	社会科学文献出版社	2022	51	45	4	2
新疆非物质文化遗产代表作	新疆维吾尔自治区文化厅	新疆人民出版社	2006	51	34	10	7
国外非物质文化遗产保护的经验与启示	曹德明	社会科学文献出版社	2018	49	43	3	3
贵州非物质文化遗产研究	申茂平	知识产权出版社	2009	48	35	9	4
东北非物质文化遗产丛书	刘铁梁、王凯旋	东北大学出版社	2018	47	42	4	1
吕梁市非物质文化遗产荟萃	杜旭华	山西人民出版社	2010	44	29	11	4
山东省级非物质文化遗产普及读本	山东省文化厅	济南出版社	2019	44	34	8	2
云南民族口传非物质文化遗产总目提要	普学旺	云南教育出版社	2008	43	34	7	2
中国非物质文化遗产保护研究	文化部民族民间文艺发展中心	北京师范大学出版社	2007	43	31	8	4
武陵地区非物质文化遗产及其文献集成	胡萍、蔡清万	民族出版社	2008	40	35	4	1
黔东南非物质文化遗产集锦	王平	贵州民族出版社	2008	39	34	3	2
扬州首批非物质文化遗产概览	陆苏华	广陵书社	2008	37	20	8	9
黔湘桂侗族非物质文化遗产跨区域保护和传承研究	曾梦宇、胡艳丽	民族出版社	2016	36	33	2	1
非物质文化遗产导论	覃业银、张红专	辽宁大学出版社	2008	35	23	9	3
盘县非物质文化遗产描述与研究	《盘县文物与风情丛书》编委会	贵州大学出版社	2009	34	29	2	3
非物质文化遗产知识读本	王丕琢、张士闪	青岛出版社	2010	32	17	11	4

续表

书名	责任者	出版单位	首版年	全国馆藏数(单位：个)	高校(单位：个)	公共(单位：个)	其他(单位：个)
中国非物质文化遗产小学生读本	缪力	北京师范大学出版社	2010	31	20	8	3
黔东南非物质文化遗产集锦	黔东南苗族侗族自治州文化局	贵州民族出版社	2007	27	13	11	3
凉山彝族毕摩文化的非物质文化遗产性及法律保护机制研究	谢世廉	电子科技大学出版社	2010	27	21	4	2
摩梭非物质文化遗产研究	李锦	四川民族出版社	2017	26	23	2	1
非遗视域下万载"开口傩"音乐文化研究	聂萌慧	新华出版社	2019	26	22	3	1
彝族非物质文化遗产研究	王俊	民族出版社	2015	25	19	4	2
非物质文化遗产柳琴戏的保护与教育传承	李爱真	中国矿业大学出版社	2011	22	20	0	2
花腰傣服饰艺术与非物质文化遗产保护	李永祥	云南民族出版社	2008	22	14	5	3
依托村寨保护少数民族非物质文化遗产研究	张卫民	湖南师范大学出版社	2019	22	18	2	2
酒泉非物质文化遗产	贾其全	甘肃文化出版社	2014	21	16	4	1
云南省首届非物质文化遗产学术研讨会论文集	白玉宝	云南科技出版社	2008	20	13	4	3
辽宁非物质文化遗产解读	于荣全、李亚冰	辽宁人民出版社	2012	20	14	4	2
古堰画乡非遗保护与旅游开发	田中娟	上海交通大学出版社	2017	19	15	3	1
非物质文化遗产与当代文化建设	张仲谋	文化艺术出版社	2013	19	14	3	2
天柱县非物质文化遗产宝库	秦秀强	贵州大学出版社	2009	18	15	2	1
非物质文化遗产档案管理体系研究	徐拥军	中国文史出版社	2017	18	14	3	1
都江堰市非物质文化遗产概览	蒋永志、黄莉	四川科学技术出版社	2014	17	11	5	1
汕头市非物质文化遗产大观	汕头市非物质文化遗产保护中心	汕头大学出版社	2010	17	10	5	2

续表

书名	责任者	出版单位	首版年	全国馆藏数（单位：个）	高校（单位：个）	公共（单位：个）	其他（单位：个）
湖北非物质文化遗产保护现状调查	周耀林	湖北人民出版社	2017	17	12	5	0
泉州非物质文化遗产保护60年	龚万全	华艺出版社	2010	16	8	7	1
非物质文化遗产学教程	黄永林、肖远平	华中师范大学出版社	2021	16	15	0	1
非遗保护与靖州苗族歌鼟研究	杨和平	苏州大学出版社	2016	16	13	3	0
中国纺织类非物质文化遗产概论	赵宏、曹明福	中国纺织出版社有限公司	2015	16	12	3	1
壮剧艺术与非物质文化遗产保护	廖明君	广西人民出版社	2008	15	8	4	3
非物质文化遗产传承研究	张仲谋	文化艺术出版社	2010	15	10	4	1
"文化自觉"视野中的"非遗"保护	方李莉	北京时代华文书局	2015	14	13	0	1
甘肃非物质文化遗产挖掘与保护	李俊霞	兰州大学出版社	2011	14	11	1	2
兴义非物质文化遗产	兴义市文化体育旅游和广播电影电视局	贵州科技出版社	2011	14	8	4	2
四川非物质文化遗产民间文学艺术集录	李渊强	巴蜀书社	2011	13	6	6	1
舟曲非物质文化遗产保护研究	闵文义	甘肃文化出版社	2017	13	11	1	1
嵊州市非物质文化遗产大观	夏春燕	西泠印社出版社	2007	12	6	4	2
潮州市非物质文化遗产通览	陈向军	中国文史出版社	2010	11	6	4	1
德清县非物质文化遗产大观	德清县文化广电新闻出版局	浙江大学出版社	2009	11	3	6	2
陕西省非物质文化遗产高峰论坛论文集	陕西省非物质文化遗产保护中心	三秦出版社	2008	11	7	2	2
深圳市第一批市级非物质文化遗产名录	深圳市文化局、深圳市非物质文化遗产保护中心	海天出版社	2008	11	4	5	2
青城古镇非物质文化遗产概览	陶明东、柴银萍	甘肃人民出版社	2012	11	9	1	1

续表

书名	责任者	出版单位	首版年	全国馆藏数（单位：个）	高校（单位：个）	公共（单位：个）	其他（单位：个）
非物质文化遗产保护与国民价值观培育研究	魏崇周	河南人民出版社	2016	11	10	1	0
孝义非物质文化遗产专辑	政协孝义市委员会	中国文史出版社	2008	11	9	1	1
产业集聚视角下的非物质文化遗产旅游发展模式	朱德亮	四川大学出版社	2016	11	7	4	0
广西非物质文化遗产精粹	陈映红	广西人民出版社	2008	10	4	2	4
当戏曲成为"非遗"	沈勇	中国戏剧出版社	2013	10	6	3	1
河南非物质文化遗产报告	王日新	海燕出版社	2014	10	7	1	2
南京非物质文化遗产集萃	《南京非物质文化遗产集萃》编委会	南京出版社	2008	9	2	5	2
非物质文化遗产视野下的民俗艺术与宗教艺术	黄泽	海南出版社	2008	9	8	0	1
河北省非物质文化遗产项目价值与存续环境研究	彭卫国	河北美术出版社	2015	9	6	2	1
东南亚非物质文化遗产研究	王红	广西师范大学出版社	2016	9	7	1	1
武陵地区非物质文化遗产传承人发展困境及对策研究	余继平	巴蜀书社	2019	9	7	1	1
云南少数民族非物质文化遗产研究	赵学先	云南民族出版社	2009	9	4	2	3
张家港市非物质文化遗产要览	陈世海	凤凰出版社	2011	8	5	1	2
蒙古史诗的非物质文化价值研究	关金花	辽宁民族出版社	2015	8	8	0	0
新疆非物质文化遗产百问	楼望皓、马迎胜、姜新建	新疆文化出版社	2010	8	5	2	1
非物质文化遗产保护的湖南本土经验与探索	田茂军	湖南人民出版社	2015	8	7	1	0
海南省少数民族非物质文化遗产论坛文集	王建成	海南出版社	2013	8	7	0	1

续表

书名	责任者	出版单位	首版年	全国馆藏数（单位：个）	高校（单位：个）	公共（单位：个）	其他（单位：个）
泉州非物质文化遗产大观	林育毅、谢万智	中国戏剧出版社	2013	7	3	4	0
宁夏非物质文化遗产研究	武宇林、靳宗伟、雷侃	阳光出版社	2012	7	4	1	2
德昂族非物质文化遗产保护与民族村寨旅游	周灿	云南人民出版社	2014	7	4	3	0
乌江流域非物质文化	戴伟、李良品、丁世忠	重庆出版社	2008	6	3	1	2
湛江非物质文化遗产	邓碧泉	广东人民出版社	2009	6	2	3	1
东莞市非物质文化遗产	何环珠	中国文联出版社	2010	6	4	1	1
喀什非物质文化遗产代表作	喀什地区文体局	新疆人民出版社	2010	6	1	3	2
联合国及相关国家的遗产体系	彭兆荣	北京大学出版社	2018	6	6	0	0
非遗保护与研究	孙桂林	吉林文史出版社	2015	6	5	1	0
非物质文化遗产保护与戏曲流派传承	郑长铃、蔡萌芽	浙江人民出版社	2009	6	3	2	1
杭州市非物质文化遗产大观	何平	西泠印社出版社	2008	5	3	1	1
常州国家级非物质文化遗产概览	胡学琦	凤凰出版社	2012	5	4	0	1
非遗传承研究	陆建非	上海教育出版社	2019	5	3	2	0
内蒙古自治区第一批自治区级非物质文化遗产名录图文集	乔玉光、额尔敦毕力格	内蒙古人民出版社	2015	5	4	1	0
"第二届中国非物质文化遗产保护·苏州论坛"论文集	张庆善、郑长铃	浙江人民出版社	2009	5	1	3	1
身边的非物质文化遗产	郑宏尖	中国美术学院出版社	2006	5	1	2	2
山西古村镇民俗与非物质文化遗产调查研究	段友文	三晋出版社	2015	4	3	0	1
山东非物质文化遗产研究	仝晰纲	中国文史出版社	2013	4	4	0	0
青少年非物质文化遗产教育	汪琪、李洁	中国美术学院出版社	2007	4	1	2	1

续表

书名	责任者	出版单位	首版年	全国馆藏数（单位：个）	高校（单位：个）	公共（单位：个）	其他（单位：个）
江苏省非物质文化遗产保护优秀论文集	吴晓林	南京出版社	2016	4	1	3	0
临汾非遗	张行健、高树德	山西人民出版社	2011	4	2	2	0
非物质文化遗产传承人与传承机制建设	马文辉、李新风、陈嵘	古吴轩出版社	2013	3	2	0	1
贵州非物质文化遗产保护与产业开发研究	曾芸	贵州人民出版社	2013	2	0	1	1
沈阳非物质文化遗产普查文集	房伟	沈阳出版社	2010	2	2	0	0
罗江县非物质文化遗产集成	赖安海、曾家华	华文出版社	2009	2	1	1	0
重庆民族地区非物质文化遗产研究	李良品、彭福荣、余继平	重庆出版社	2012	2	1	1	0
井陉非物质文化遗产	马佶、柳敏和、张树林	线装书局	2011	2	1	1	0
"非遗"保护前沿问题研究	马知遥、张加万、潘刚	天津社会科学院出版社	2016	2	2	0	0
武威非物质文化遗产概览	孟世祖、罗文擘	新华出版社	2012	2	1	1	0
南京市江宁区非物质文化遗产荟萃	南京市江宁区文化局	南京出版社	2009	2	1	1	0
非物质文化遗产保护法	齐爱民、赵敏、齐强军	法律出版社	2009	2	1	0	1
泉州非物质文化遗产资源实录	泉州市文化广电新闻出版局	九州出版社	2017	2	1	1	0
新疆塔城非物质文化遗产代表作丛书	张福钰编	新疆人民出版社	2011	2	1	1	0
土家族非物质文化遗产研究	黄柏权、田永红	崇文书局	2012	1	0	1	0
"非遗"资源的商品化传承与保护	曲彦斌、张涛	辽宁民族出版社	2010	1	1	0	0
扬州民间美术类非物质文化遗产研究	王莲、王秀	江苏人民出版社	2013	1	1	0	0

续表

书名	责任者	出版单位	首版年	全国馆藏数（单位：个）	高校（单位：个）	公共（单位：个）	其他（单位：个）
非物质文化遗产保护视野下的禹州钧瓷技艺传承研究	谢一菡	光明日报出版社	2014	1	1	0	0

被更多的图书馆收藏，证明该书至少具备阅读价值，图书可能广受读者喜爱，具有较高的流行度和影响力；其次可能有学术价值，能够作为图书馆馆藏；也可能反映了某一文化或历史时期，具有文化传承的价值。特别是高校图书馆馆藏，图书可能适合作为教育资源，用于教学或者在特定领域有重要的研究或参考价值，对学者和研究人员很有帮助。因此，馆藏分布的范围和数量也是侧面反映一本图书学术影响力的指标。通过对比我们发现，馆藏分布与被引总频次呈弱相关关系。被引总频次排名前 10 中，馆藏分布排名前 10 的图书，二者重合率只有 30%。分别取前 50 名，则重合率只有 22%；分别取前 80 名，则重合率 18%。当然，随着样本增加，其重合率又会上升。

第三章

非遗学图书的社会影响力分析

FEIYI XUESHU TUSHU
YINGXIANGLI
FENXI YANJIU

第三章 非遗学图书的社会影响力分析

一本图书的影响力不仅体现在学术界内部,还通过实践影响、社会文化影响、媒体曝光和公众讨论、跨学科应用以及长期生命力等多个方面,共同决定其在社会上的整体影响力。以各种评价方法如同行专家评价、引文评价及 Altmetrics 评价等进行反馈,促进学科建设及科研项目的发展,而社会影响力直接反映其传播的深度和广度,指导了实践操作或者改变了行业标准等。图书的学术影响力能够揭示其学术价值,跟作者学术地位、作者机构、编辑和出版社等密切相关。社会影响力也涉及学术贡献,但更多的是公众关注度和深入讨论热度,市场数据和读者认同。比如有的著作不仅是学术讨论,还进一步被用作教材,可以对一代人产生了深远的文化影响。一般来讲,图书社会影响力主要取决于以下几个因素:

1. 学术水平和价值

这是图书社会影响力的基础。一本好的学术图书必须具备高学术价值,能够对相关领域产生重要影响。

2. 宣传报道

通过有效的宣传策略可以显著提升图书的知名度和影响力。例如,利用新媒体和传统媒体的优势,通过微信、视频、报纸杂志等多种形式进行宣传,能够扩大图书的传播范围和热度。

3. 国际合作与翻译

加强国际交流与合作,将图书翻译成多种语言并推广到海外,有助于提升其国际影响力。例如,国家社科基金中华学术外译项目就提出了深化"输入国读者导向"的实施理念,以提升中国学术著作的海外推广能力。

4. 数字化出版

在数字化时代，通过数字化投稿、审稿和出版，可以提高学术期刊和图书的高效性和规范性，并通过各种数字化手段进行推广，从而有效提升其影响力。

5. 社交媒体营销

社交媒体是现代图书营销的重要渠道。社交网络（Social Networking），例如微信、哔哩哔哩、Facebook；社会标签（Social Bookmarking）；博客，例如 ResearchBlogging、org、科学网博客；微博，例如 Twitter、新浪微博（Sina Weibo）；维基，例如 Wikipedia、百度百科；媒体与数据分享，例如 Figshare、Github、Slideshare。通过建立强大的品牌，选择合适的平台（如 Facebook、Instagram、Twitter 等），并结合广告、合作推广、互动活动等方式，可以有效吸引目标读者群体。

6. 内容多样性与质量

提供多样化的优质内容，满足不同用户的需求。例如，数字图书馆可以通过增加电子书、学术期刊、研究报告等资源来吸引用户。同时，有声书籍的内容多样性和质量也是成功推广的关键要素。

7. 创新营销模式

创新营销模式，如策划新书发布会、与书评家合作、开展线上线下的读书活动等，都可以增强图书的市场吸引力和社会影响力。

8. 图书馆的支持

图书馆可以通过多元化服务和阅读推广活动，联合社会公共力量，树立尊重读者、贴近读者、服务读者的理念，从而为图书的传播提供支持。

表现在具体的影响指标上，我们可以用邱均平教授的金字塔形图来形象说明。

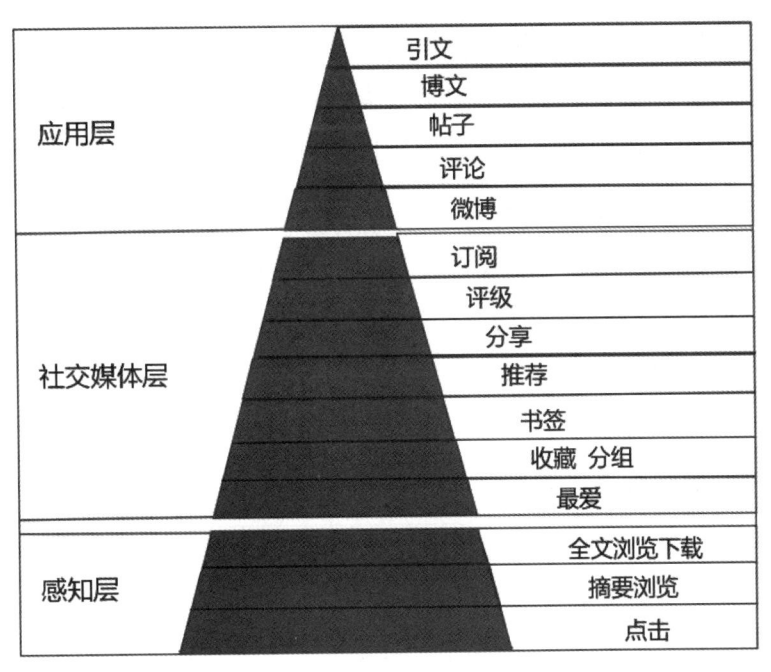

图7 金字塔形替代计量指标

在进行图书的社会影响力分析数据收集的过程中，我们发现很多图书在社交主流媒体和新闻网站、售卖网站上缺乏信息，导致其社会影响力微弱。图书的社会影响力表现主要取决于哪些因素？要提高图书的社会影响力除了图书本身的学术水平和价值以外，还有一些外在的诸如宣传报道等原因。怎样提高其传播力度和传播范围是融媒体时代的课题。

总之，要提高一本好的学术图书的传播力度和传播范围，需要从学术价值出发，结合多元化的宣传策略、国际合作、数字化出版、社交媒体营销以及图书馆的支持等多方面入手，才能实现其最大化的社会影响力。

（一）非遗学图书的社会网络评价

好书是否能经受时间的考验并保持长久的生命力，既取决于其学术影响力，也取决于其社会影响力。例如，《非物质文化遗产概论》（王文章主编）自出版以来一直受到广泛关注，网络评价颇多，不间断见于专业书评网站并不断有新的案例和理论补充，因其始终具有社会现实意义、理论指导意义和教育教学意义。基于广泛的网络信息搜集整理，我们对具有网络评价记录和引用频次居前的图书进行客观描述。由于有148种图书社会网络信息为零，100人次以下的310种（见第四章2005—2023非遗图书影响力综合评价指标总表），结合学术影响力排名，我们总结出在社会网络传播层面有较多记录和专业评价的图书40种。并对其正面主要评价进行摘录，以飨读者。

1. 王文章研究员的《非物质文化遗产概论》

该书由文化学者中国艺术研究院院长、中国非物质文化遗产保护中心主任王文章研究员主编，这是我国第一部全面系统研究非物质文化遗产的专著。

版本变迁

本书2004年开始编撰，由中国艺术研究院最早参与我国非遗保护实践的8位学者，历经两年时间完成，于2006年10月由文化艺术出版社出版。2008年，为适应高等院校教学需要，该书按教材体例进行了调整，作为教材由教育科学出版社出版第二版。2011年，鉴于《中华人民共和国非物质文化遗产法》的颁布以及非物质文化遗产保护工作的实践经验需要进行更深入的理论概括，作者再次对本书做了认真修订，并于2013年出版第三版。2017年，该书获北京市人民政府颁发的北京市高等教育教学成果奖一等奖。第三版出版至今已近10年，非物质文化遗产保护实践经验不断丰富，不少新的经验和问题需要从理论上加以总结、概括。因此，2023年经过重新修订，第四版《非物质文化遗产概论》由高等教育出版社出版。[48]该书从基础理论和应用理论两个方面对非物质文化遗产进行研究，力图构成既有理论深度，又具有实践指导意义的非物质文化遗产理论体系，这是本书的基本思路。同时，也是本书的主要内容。全书基本定稿后，又特别邀请著名学者乌丙安、刘魁立两位先生审读书稿，提出修改意见。根据他们的意见，课题组对某些章节作了调整和修改。最后由王文章、陈飞龙、李心峰统稿，王文章主编定稿。

学者专家的评价

《非物质文化遗产概论》一书近二十年间得到了众多专家学者的认可和高度评价,四个版本总计获得学界7000多次引用。中国艺术研究院马克思主义文艺理论研究所研究员李荣启称其为"非物质文化遗产研究领域的拓荒之作"。李荣启称该书从学理上探讨非物质文化遗产及其保护的一些基本理论问题,既通过抛砖引玉式的引导,使学界关注并深入进行非物质文化遗产保护的理论研究,又以自身的研究成果,为建构非物质文化遗产学奠定了一定的理论基础。因而,其出版彰显了突出的学术贡献。乌丙安在《艺术评论》上发表的评论中称该书为"非物质文化遗产理论研究的奠基石",强调其对我国非物质文化遗产保护工作提供了科学的指导意义。[49] 戏曲理论家安葵认为:"《非物质文化遗产概论》在论述非物质文化遗产保护的基本原则时特别强调了可持续发展的原则,在保护的理念上阐述了费孝通先生的'文化自觉'的观点。这些论述可以消除在非物质文化遗产保护中的许多误解,使保护工作更健康地开展。"中山市非物质文化遗产保护中心研究员郑倩文称该书中"对非物质文化遗产的合理保护和产业化开发利用,可提高非物质文化遗产开发利用的产业化程度,增强文化国力,还可以进一步保护文化遗产当事人权益。"这表明该书不仅关注理论研究,还涉及实际操作层面的建议。

网络媒体评价

豆瓣、读书网、微信读书对该书的评价也较为正面。认为该书站在历史与文化的总体高度,从国际国内两个视角,全方位地、系统而深入地回答了人们对非物质文化遗产所关心的问题,并切实地为非物质文化遗产抢救和保护工程提供了宏观的解决思路。该书坚持以马克思主义唯物史观为指导,依据研究对象的特性和需要,借鉴和运用了社会学、历史学、文化学、人类学、民俗学、艺术学、美学等学科的视角和研究成果,采用多学科渗透、融合和多角度考察、阐释的综合方法,进行跨学科的综合研究。当当网上的简介也提到,《非物质文化遗产概论》是我国第一部全面系统研究非物质文化遗产的专著，编著者立足于丰富的实践经验和深厚的理论基础，力求深入系统地探讨非物质文化遗产及其保护这一重大课题。

学术网络相关讨论

书中主要回答了以下几个重点问题：

什么是非物质文化遗产：书中详细解释了非物质文化遗产的定义和内涵。

非物质文化遗产的分类：对不同类型的非物质文化遗产进行了系统的分类和分析。

非物质文化遗产的价值：探讨了非物质文化遗产在文化传承和社会发展中的重要性。

非物质文化遗产的保护措施：提出了具体的保护策略和方法，以确保非物质文化遗产能够得到有效保存和传承。

国际国内的保护实践：比较了不同国家和地区在非物质文化遗产保护方面的经验和做法，提供了借鉴和参考。

网络对于《非物质文化遗产概论》一书中提到的"非物质文化遗产的合理保护和产业化开发利用"具体实施方式涉及多个方面，包括法律法规建设、整体性保护、抢救性保护以及与旅游业结合等，都有引用论述。直接用理论指导实践。

《非物质文化遗产概论》一书运用多学科理论交叉的研究方法，系统、全面地探讨和研究了非物质文化遗产的生存、抢救和保护现状。书中不仅对中国非物质文化遗产进行了界定和分类，还深入论述了其内涵、范畴、基本特征、形成、价值等方面。对国家级非物质文化遗产名录划分的依据和影响进行了详细分析。

王文章主编首次提出了"转化为经济效益和经济资源，以生产性方式保护"的理念。

此外，本书还分享了国际非物质文化遗产保护的方法与经验。

2. 乌丙安教授的《非物质文化遗产保护：理论与方法》

乌丙安（1929年11月3日至2018年7月11日），笔名乌克，中国著名民俗学家、民间文艺学家。生于内蒙古自治区呼和浩特市，祖籍喀喇沁，蒙古族。中国民俗学会荣誉会长、国家非物质文化遗产保护工作专家委员会副主任委员、中国申报联合国人类非物质文化遗产评审委员会评委、中国民间文化遗产抢救工程专家委员会副主任、国际民间叙事创作研究协会（ISFNR）会员、德国民族学会会员、日本口承文艺学会会员。兼任多所外国大学教授、客座教授。多次获得中国民间文艺界最高奖"山花奖"，全国优秀社会科学著作一等奖，1992年荣获国家有突出贡献专家称号并享受国务院特殊津贴，2007年获全国非物质文化遗产保护先进工作者称号。2017年底，乌丙安全票获得2017"中国非遗年度人物"称号。2018年1月，乌丙安获得了中国民间文艺山花奖终身成就奖。

主要内容

乌丙安先生的《非物质文化遗产保护：理论与方法》一书主要内容涵盖了以下几个方面：

非物质文化遗产的概念界定和解读：书中对联合国提出的非物质文化遗产概念进行了详细的界定和解读，全面介绍了国际性非物质文化遗产保护工作的由来和发展。

保护项目的呼吁与建议：作者在书中提出了对保护非物质文化遗产重大项目的重要呼吁，并给出了相关的建议案。

典型个案分析：书中还对一些重要的典型个案进行了深入的分析和认定，展示了具体案例中的保护策略和成效。

实用文化圈理论与方法：书中详细说明了实用文化圈理论及其在非物质文化遗产保护中的应用，探讨了对闽南文化生态保护区的初步考察认定以及对中国山岳文化生态的非物质文化遗产内涵解读等。

保护工作规程与管理：书中涉及了非物质文化遗产的保护工作规程、生产性方式保护的管理等内容，为实际操作提供了指导。

代表性传承人的保护：书中还讨论了非物质文化遗产项目代表性传承人保护的突破性进展，强调了传承人在非遗保护中的重要角色。

业界评价

该书业界被广泛引用和讨论，十年间被引用665次，被博硕士论文引用达469次，如《滁州学院学报》中提到的多篇论文都引用了这本书。实践指导性强：书中不仅有理论阐述，还有丰富的实践经验，帮助读者更好地理解和应用非物质文化遗产保护的相关知识。系统性强：作为乌丙安先生多年从事非物质文化遗产保护工作的总结，书中内容系统全面，涵盖了从概念界定到具体实践的各个方面。具有前瞻性：书中提出的许多观点和建议在当时具有前瞻性和创新性，为后来的非遗保护工作提供了宝贵的参考。

《中国文化报》这样评价该书："这本书最打动我的是乌老所起草的四个大纲，这是他于2000年到2002年参加中国民间文艺家协会组织的中国民间文化遗产抢救工程筹备工作中，写下的文字资料。新世纪初，我国民族民间文化保护工程及非遗保护工作还未正式启动，联合国《保护非物质文化遗产公约》也还未出台。所以，乌老的工作具有开创性的贡献！""他的这本著作，有着鲜明的时代性，反映了新世纪初我国非遗保护的思考轨迹和实践特征，并总结出了一系列具有规律性的认知；体现了指导性，为当下和未来非遗事业建设与发展提供历史借鉴和理论资源"。[50]

3. 苑利、顾军的《非物质文化遗产学》

《非物质文化遗产学》是由苑利和顾军共同撰写的一部学术专著，由高等教育出版社出版。该书是基于他们多年从事非物质文化遗产研究工作的成果，旨在系统地构建非物质文化遗产学的学科体系。该书分为上下两编，上编从定义入手，详细阐述了非物质文化遗产的概念、分类及其界定中的问题；下编则进一步探讨了非物质文化遗产的价值评估、保护策略及传承方式等。全书共十六章，涵盖了非物质文化遗产学的诞生、概念提出与辨析、分类、价值评估等多个方面。

评论与评价

中国民俗学网民宿文库中评价该书是"国内第一部以非物质文化遗产学学科建设为目标的学术专著",《非物质文化遗产学》在学术界具有重要的地位。它不仅为大专院校师生提供了专业级教材,也对相关人士的学习和参考具有重要意义。

百度百科评价该书"既是一部以非物质文化遗产学学科建设为终极目标的学术专著,也是一部供大专院校师生以及相关人士了解非物质文化遗产学基本理论的专业教材。该书首次将非物质文化遗产研究上升到学科建设的高度,对非物质文化遗产及其非物质文化遗产学学科建设,进行了较为深入的研究。"书中首次将非物质文化遗产的概念系统化,并提出了详细的分类方法,这为后续的研究奠定了基础。

中国艺术研究院艺术学系研究生朱佳和宋俊瑶在《一则迟到的书评——十三年后再读<非物质文化遗产学>》中评价"在王文章院长的帮助下,苑利、顾军夫妇撰写的《非物质文化遗产学》由高等教育出版社正式出版。这部非物质文化遗产学的开山之作,引发了两种反馈……另一种是还有一些人虽然已经意识到了这本书有想要独创一门学科的'野心',但对这种做法并不看好。"[51] 在十三年后的今天,特别是当教育部将"非物质文化遗产保护"正式纳入普通高等院校本科专业设置、非物质文化遗产学硕士学位授予点正式落实之后,人们才逐渐意识到这本书的现实意义。书中,两位学者给出了自己的结论——一门学科的创建,至少需要满足两方面条件:一要看是否具有创建的可能,二要看是否有创建的必要。他们认为,中华文明是由"精英文化"与"草根文化"共同构成的。前者主要由一个国家的知识分子创造并传承;后者主要由匠人等这样一些社会的"草根阶层"创造并传承。二者同为中华民族最宝贵的精神财富,值得精心保护并世代传承。但实际的情况是,长久以来,人们在谈及中华文明时,更多指向"精英文化",而极少有人对以非物质文化遗产为代表的、数量巨大、文明程度甚高的"草根文化"报以关注。但事实是,影响了整个中国与世界文明发展进程的造纸术、印刷术,乃至火药制造技术等,哪一个不是草根们创造的非物质文化遗产?这就为非物质文化遗产学的诞生提供了可能性。

在非物质文化遗产的价值评估方面，书中不仅讨论了历史价值、文化价值、艺术价值和社会价值，还引入了"文化生态理论"来保护文化的多样性。此外，书中还涉及了非物质文化遗产在现代社会中的活态传承、系统性保护与创新融入生活等问题，体现了其前瞻性和创新性。

《非物质文化遗产学》提出了非物质文化遗产保护的十项基本原则：一是以人为本原则。强调保护工作要以保护非物质文化遗产传承人为主，那种只见物不见人的做法，至少在非物质文化遗产保护工作中是舍本求末的。二是整体保护原则。在保护项目自身的同时，也要对其生存空间实施保护。如将炕头故事搬到故事厅，将歌墟搬上舞台，将撒叶儿荷搬到文化广场等做法，都会因传承环境的改变而影响到项目"原汁原味"的传承。三是活态保护原则。对非物质文化遗产的保护，不但不能将其做成标本，而且还要让它像池中之鱼一样自由生长，不断繁衍、壮大。四是原真性保护原则。非物质文化遗产的所有价值，均建立在其真实性基础之上，真实性一旦丧失，非物质文化遗产就不再是"非遗"了。此外，作者还提出了独特性原则、就地保护原则、濒危遗产优先保护原则、民间事民间办原则。

与之前的一些理论著作不同，苑利和顾军在《非物质文化遗产学》中提出的非物质文化遗产分类方法"八分法"，即将非物质文化遗产分为以下八种类型：民间文学类、表演艺术类、传统工艺技术类、传统生产知识类、传统生活知识与技能类、传统仪式类、传统节日类、文化空间类。业界讨论这些分类方法的有效性主要体现在以下几个方面：

与国际接轨：该分类方法基本上可以做到各子项含量大致相同且互不重叠，具有较好的兼容性，比较容易与国际社会接轨。这使得它不仅适用于国内的非遗保护工作，也能够与国际上的分类体系相匹配，这种分类方法不仅是非物质文化遗产保护实践工作的基础，也是理论研究的重要内容。明确的分类，有助于人们更好地理解和分析非物质文化遗产的多样性和复杂性。

但该书仍未解决非物质文化遗产分类的一致性问题，比如现有的多种分类方法存在类目设置不全，类目互斥性较差的问题。这意味着某些非遗项目可能无法完全归入现有的分类体系中，或者在分类过程中出现重叠和冲突。此外，该书目前的分类层级较少，这限制了对非遗项目的深入研究和细致管理。为了适应非遗保护工作重心转向的实践需求，需要对现有分类体系进行完善。

苑利和顾军作为我国非物质文化遗产研究领域的领军人物，他们的研究成果得到了广泛认可。多次入选"中国哲学社会科学最有影响力学者排行榜"，《非物质文化遗产学》是二人的代表作。

4. 宋俊华、王开桃的《非物质文化遗产保护研究》

《非物质文化遗产保护研究》是由宋俊华和王开桃合著的一部专著，该书系统地探讨了非物质文化遗产的概念、特点、类型、价值、学科性、生态性等理论问题，以及调查与研究、管理与展示、学校教育、生产性保护、文化生态保护区建设等实践问题。专业人士对这本书的评价普遍正面，认为它不仅具有独创性和系统性，而且书中多个章节的内容已经在国内重要学术期刊获得发表，产生了一定的影响。这本书的读者对象主要是从事非物质文化遗产保护工作的工作人员、学者以及相关专业在校学生。该书被用作文化产业管理专业的本科选修课程教材，显示其在学术界和教育领域的影响力。

百度学术评价这本书是"教育部人文社科重点研究基地重大项目结项成果，体现了作者在非物质文化遗产保护领域的深入研究和理论创新。"根据豆瓣读书上的评论，读者普遍认为这本书逻辑清晰，论证有力，提供了很多补充的新知识，并且能够从理论到分析问题的层次过渡，使读者能够更好地理解非物质文化遗产的保护。特别是一位读者提到，书中的文化人类学观点、非遗生态学和生态区的理论以及附录的资料，对其颇有裨益。

综合上述信息，可以看出《非物质文化遗产保护研究》是一部在非物质文化遗产保护领域具有重要影响的著作，受到了专业人士和读者的好评。

值得一提的是，作者宋俊华作为中山大学中文系和中国非物质文化遗产研究中心教授及博士生导师，由其牵头主编的皮书系列《中国非物质文化遗产保护发展报告》(从2014年到2023年，除2016年外)是一份集合了学术研究、政策分析、实践指导和国际视野的高质量学术报告，对于推动中国非物质文化遗产的保护和发展具有重要作用。2023年的报告更是作为国家重点出版物专项规划，成为国家社科基金专项阶段性成果。

从2011年度《中国非物质文化遗产保护发展报告》开始，旨在探讨中国非物质文化遗产保护现状、发展趋势及面临问题，至2024年社科文献出版社出版的2023年报告，是该系列年度报告的第13本。引文数据显示，这13本报告总被引频次达到803次，其学术价值斐然。

一些官方网站如求是网、人民网、中国非物质文化遗产网、皮书网、湖北文旅门户等公共网络服务平台都对该报告进行了评价：该系列报告通过文献分析、经验总结和个案研究，对年度中国非物质文化遗产保护发展状况、趋势进行了深入总结，并针对取得的成绩和存在的问题，提出相关建议，具有很高的学术价值和实践指导意义。报告紧密结合国家政策和法规，如《保护非物质文化遗产公约》，对非物质文化遗产保护工作的政策研究、基础理论研究和应用理论研究的面向不断拓展深化，体现了政策导向性。报告不仅总结保护工作的成果，还指出了存在的问题，并提出了具体的改进建议，如完善相关法规、深化依法保护、制定指导意见等，具有很强的实践指导性。报告在分析国内非物质文化遗产保护的同时，也关注国际非物质文化遗产保护的动态和实践，如联合国教科文组织非物质文化遗产项目的申报要求，展现了国际视野。报告内容丰富，涵盖总报告、专题报告、年度热点以及大事记等多个部分，全面反映了非物质文化遗产保护的各个方面。报告的发布和内容受到了社会的广泛关注，如通过各种媒体和活动的宣传，提高了公众对非物质文化遗产保护的认识和参与度。

由于该报告是年度系列，因此在随后的分析中，我们并未将之纳入单本图书综合评价体系。但一点也不妨碍该系列图书报告成为非物质文化研究领域内非常好的综合性参考资料。

5. 陶立璠、樱井龙彦的《非物质文化遗产学论集》

《非物质文化遗产学论集》由陶立璠和樱井龙彦主编，是国际亚细亚民俗学会理论文库的一部分。该书收录了关于文化遗产概念、文化遗产开发、保护以及法国、越南、日本等国家相关问题的讨论文集。由于是论文集，可能意味着书中内容质量参差不齐，有些部分可能颇具深度和见地，而有些部分则可能不够深入或者不能满足所有读者的期望。

该书的出版为非物质文化遗产学的发展提供了理论基础和研究视角，有助于推动非物质文化遗产保护工作的深入进行。尽管存在一些批评声音，但作为该领域较早的学术作品，它对于后来的研究和学科建设起到了一定的启发和指导作用。

6. 刘锡诚的《非物质文化遗产：理论与实践》

该书是著名民间文化学者刘锡诚先生的力作。非遗活动开展后，特别是民间文化保护的理论准备严重不足，缺少在实地调查的基础上发展和深化文化研究工作等问题，造成了很多非遗项目的盲目上马和资源浪费。该书针对当时各地方多种形式的非遗项目和活动进行后的相关问题，汇集了学者多年来在非遗的保护、考察、咨询和理论探索等方面的研究成果，包括作者应邀在一些省市的非遗保护中心、中国艺术研究院、中央文化管理干部学院等专业机构的授课、讲演稿，所遴选的文章均具有应非遗保护工作的需要而撰的特点。对非遗的保护、普查、建档、数据库建设、传承人认定、干部培训、项目论证、评审申报等工作均有实质性的指导作用。

他在图书自作序中这样描述：几年下来，我陆续写作了几十篇有关非物质文化遗产的文章和讲演稿。这些文章或讲演稿，都在各类报刊上发表过，有些还被文化界和学术界关注过。这些文章的特点，是应非遗保护工作的需要而撰，在一定程度上摆脱了坐而论道的学院式的风格，具有较强的针对性和现实性。这部《非物质文化遗产：理论与实践》里的文稿，就是从我的这类文章中遴选出来的。这本书的出版，也许会对各地正在如火如荼地开展的非物质文化遗产保护、普查建档、数据库建设、传承人认定、干部培训，以及似乎还未被提上议事日程的非物质文化遗产的学科建设，多少有些参考作用。

专家学者对刘锡诚《非物质文化遗产：理论与实践》的评论主要集中在他对

民间文学本质的理解、研究方法的创新、对非物质文化遗产保护的重视，以及他的治学精神和学术思想对后人的影响等方面。刘锡诚在研究方法上坚持整体研究和实证研究，用此方法梳理总结了 20 世纪中国民间文学学术史，并提出了民间文学学科整体建设的思路。这种方法论的应用不仅丰富了非物质文化遗产的研究内容，也为后续的研究提供了方法上的指导。刘锡诚认为民间文学既是传统的，也是现代的，承载着民族精神，具有广泛认同性，应该抓住非物质文化遗产保护的机遇，加强对当下"活态"的民间文学进行采集和研究。这一观点强调了非物质文化遗产保护过程中对"活态"传承的原则性认识。

7. 冯骥才的《中国非物质文化遗产百科全书》

盛世修典，唐代有《艺文类聚》、宋代有《太平御览》、明代有《永乐大典》、清代有《古今图书集成》、当代有《中华大典》。而这部《中国非物质文化遗产百科全书》是我国规模最大、内容最齐全的非物质文化遗产主题通志类典籍。传统文化作为一个民族国家精神的实质内核，在当下仍然具有无可替代的功能和作用，我国作为世界上的"非遗"大国，编撰非遗类参考工具书正当其时。冯骥才作为中国民间文艺家协会主席和著名的非物质文化研究专家，担任了这部百科全书的总主编，体现了他在非物质文化遗产保护领域的领导地位和贡献[①]。

这部百科全书的出版，不仅为中国非物质文化遗产的保护和传承提供了重要的参考资料，也为世界文化遗产的保护贡献了中国智慧和中国方案。人民网报道这本书，称"由中国文学艺术基金会资助，集合中国民协、中国社科院等一大批国内优秀学者精心编纂、多位专家经过近两年的努力，对目前国内外有关非物质文化遗产研究方面的学术成果进行了全面系统的综合性盘点、梳理，吸收和借鉴最新的学术成果，编纂出这部'百科全书'第一批《史诗卷》《传承人卷》《代表性项目卷》已由中国文联出版社完成出版。"

苑利研究员称冯骥才教授是国内最早提出了"传承人"概念的人，并适时启

[①] 全国新书目相关报道。

动了"中国民间文化杰出传承人"评选工作,以及设立了"传承人保护制度",以确保这些传统技艺和知识能够得到有效的传承。百度百科称他创造性地把口述史应用到民间文化遗产保护工作中,并取得了丰硕的成果。

冯先生还有另外一部《冯骥才文化遗产保护文库》(因为是丛书没有进入我们的分析目录),是迄今为止关于冯骥才在文化遗产保护专项工作方面所思所行的最详尽、最全面的一次总结与梳理。全书共分十卷,包括思想卷(上、下)、行动卷(上、下)、文化散文卷(上、下)、敦煌卷、言论卷、序文卷和对话卷。

8. 王文章的《非物质文化遗产保护与田野工作方法》与《中国非物质文化遗产保护论坛论文集》

2007年6月初,中国艺术研究院和台湾东吴大学在北京共同主办了一次非物质文化遗产保护中的田野考察工作方法研讨会,来自海峡两岸的30余名学者围绕这一中心议题,积极献出自己的学术智慧,展开了全面深入的讨论。研讨会不仅对我国非物质文化遗产保护的概况作了回顾,还介绍了此项工作的日本经验。专家们指出,21世纪开始的这次非物质文化概念下的调查工作,应该在前人相关工作的基础上做好追踪调查并有所突破,即继往开来。为达此目的,一定要田野考察先行。专家们的讨论阐发,不仅论及方法,还明晰了非物质文化遗产保护工作中"为什么保护""保护什么"和"如何保护"等问题。该书在此背景下编制,收录了包括乌丙安、刘锡诚、刘魁立、宋兆麟、江帆、苑利、方李莉等一干非遗研究领域有影响力的学者的论文,是一本关于非遗保护田野工作方法与案例分析的论文集。

来自中国民俗网对该书内容和纲要做了详细介绍。《非物质文化遗产保护与田野工作方法》从保护方法的操作性角度,对非物质文化遗产的保护做了多视角的总结和探讨。该书提出要进行大规模的非物质文化遗产保护工作,首先是科学的普查。为有效促进这项普查乃至研究、保护工作的顺利进行,"方法"显得尤为重要。

读书网、百度学术、抖音百科、豆瓣读书和微信读书都对该书主要内容做了介绍。评价该书是一本系统性、操作性强的专业书籍，对于从事非物质文化遗产保护工作的学者和实践者具有很高的参考价值。它不仅总结了现有的保护方法，还提出了新的思路和方法——数字化保护手段，为未来的非物质文化遗产保护工作提供了重要的理论支持和实践指南。

9. 麻国庆、朱伟的《文化人类学与非物质文化遗产》

《文化人类学与非物质文化遗产》是一本以人类学的视角探讨非物质文化遗产保护的理论、方法和路径的专著，既从理论上对"非遗"的许多新的概念进行了界定，同时还以人类学的理论结合人类学的田野材料，对其与"文化特征""文化行政""保护实践""社会主义新传统"和"文化创意产业"等维度的关系进行了梳理，进而将非物质文化遗产保护实践纳入人类学这一学科理论的体系下进行探讨、对话与反思，并将人类学的各种理念贯穿于其中。

方李莉在中国非物质文化遗产网公众号上发表了对该书的书评，深度解读了图书内容和观点。她认为该书研究思路并未局限在国家对非物质文化遗产的诸多界定，而是从人类学的角度引入一些新的概念和主题，来加深人们对非物质文化遗产的研究和认识，并为未来非物质文化遗产的系统研究提供了一些新的方向。方李莉在评论中指出，这本书是用中文出版的第一本从文化人类学的角度研究非物质文化遗产的专著。她强调了人类学与非遗保护之间的关系，并对作者麻国庆和朱伟的研究方法表示认可。

中国民俗学网评价该书：将当前非物质文化遗产保护的现实与人类学的理论视角结合，将非物质文化遗产保护实践纳入人类学这一学科理论体系下进行探讨、对话与反思，人类学的各种理念贯穿其中，如"自我与他者""大传统与小传统""整体观"，以及文化的"表达与文法""中心与边缘""生产与再生产"等等。在理论拓展的同时，也未忽视实践经验的总结与归纳，以及该书对现实的指导。文化行政、保护方式、文化创意产业等都被纳入该书探讨的范畴。研究具有相对广阔的、开放性的视野，作者的研究思路并未局限在国家对"非物质文化遗产"的诸多界定，也把一些新的概念和主题引入对非物质文化遗产的研究当中，比如对社会主义新传统的探讨、对非物质文化遗产与文化创意产业关系的探讨、对非物质文化遗产的"符号化"问题的探讨等。这些都为非物质文化遗产的系统研究提供了新的方向。将"非物质文化遗产"作为一个整体性概念进行系统探讨，而非具象化为某种文化形式，也不是学界与国家话语的"各说各话"。其实，正如费孝通先生所倡导的"各美其美、美人之美、美美与共、天下大同"的文化理想，对非物质文化遗产理论与实践的整体性的观照，在"文化中国"的语境下具有非同一般的现实意义。

公网平台如百度学术、豆瓣读书、读书网和当当网都对该书做了一些简介。

百度学术一篇文章评论该书的研究具有相对广阔的、开放性的视野，引入了一些新的概念，比如对社会主义新传统的探讨、对非遗与文化创意产业关系的探讨以及非遗的"符号化"等问题，为非遗的系统研究提供了新的方向。豆瓣上的书评提到，"在第一章中，作者在前人的基础上重新区分了非物质文化遗产和物质文化遗产的定义，并简要讨论了文化的文法——不可观察的文化，又明确讨论文化的语境中需超越潜意识的汉文化中心论。"该书将非物质文化遗产作为一个整体性概念进行系统探讨，在"文化中国"的语境下，具有特别的意义。

10. 杨红的《非物质文化遗产数字化研究》与《非物质文化遗产》

皮书数据库、百度百科评论《非物质文化遗产数字化研究》汇集了文化部文化科技创新项目"非遗数据库构建分类及信息资源元数据研究"的阶段性成果，是第一次系统梳理当前国内外非遗数字化实践的指导性著作。本书提出了非遗数字资源的核心元数据元素集方案，建立了非遗项目分类编码体系，对非遗数字化保护及数据库建设标准体系进行了基础性研究，首次提出非遗项目类属的"双层四分法"，基本解决了现有分类与数据管理需求之间的主要矛盾。

乌丙安教授为《非物质文化遗产数字化研究》作序，序言中提到，非物质文化遗产的数字化保护是实现遗产保护与保存的重要途径。他强调了数字化在非遗保护中的重要性，并对杨红博士的著作给予了高度评价，认为这本书填补了我国在非遗数字化领域的研究空白,并提出了一系列解决方案。

11. 向云驹的《世界非物质文化遗产》与《解读非物质文化遗产》

《世界非物质文化遗产》介绍了非物质文化遗产的基本知识,世界各国非物质文化遗产"代表作"及鉴赏。开篇即言"非物质文化遗产,是联合国世界遗产的新家族。""非物质文化遗产范围广泛,涉及人类全部历史和全部形态的文化样式,包括口头文化(语言、口头文字、口技、口头艺术、声乐),体形文化(发式、服饰、文身、舞蹈、哑剧、民俗文化、民间艺术等),以口头语言为主的综合艺术(话剧、说唱、歌剧),口头与形体并重的综合艺术(民间歌舞、小戏、傩戏、木偶戏等),当下的造型艺术(民间的传统建筑艺术与建筑物、民间艺人传承人的民间美术、艺术家的造型艺术等)。"豆瓣读书称其为参考资料性图书,并赞赏了其文字优美,充满智慧。

《世界非物质文化遗产》以链接的方式对各国保护非物质文化遗产的努力,中国的成果,作了全方位的反映,内容包括重要访谈、论文、活动宣言、呼吁书等。本书将联合国的"代表作名录"与中国民间文化遗产抢救工程紧密联系,将中国的经验与世界的潮流融为一体,以引起全民的文化自觉,维护中华文明的根脉[1]。

《解读非物质文化遗产》是著名学者向云驹先生继《人类口头和非物质遗产》《世界非物质文化遗产》之后的又一部关于非物质文化遗产的专著。该书展现了作者多年来对非物质文化遗产的研究成果,全书内容丰富、文体多样,广泛涉及非物质文化遗产的国际原则、国家政策、抢救理念、保护实践、学术追问、类型研究、历史分析、现象批评、鉴赏品析等,熔知识性、学术性、思想性、丰富性于一炉,从一个侧面记录了中国非物质文化遗产保护在全球化背景下的思想过程和行动历程[2]。豆瓣读书、当当网都对该书做了简介和推荐。

---

[1] 中图网。

[2] 云图网。

12. 中国社会科学院知识产权中心的《非物质文化遗产保护问题研究》

该书主要阐释非物质文化遗产保护的立法概况；非物质文化遗产保护的理论与实践；非物质文化遗产与著作权保护的冲突与协调；知识产权、"集体共有知识产权"与非物质文化遗产之间的辩证关系；非物质文化遗产的商业化利用；证明标章保护原住民工艺品之功能；原始部落的文化与传承；非物质文化遗产的保存与运用等（见附录3）。

豆瓣书评：该书汇编了有关非物质文化遗产保护的立法概况、理论与实践，以及保存与运用等方面的论文，可供非物质文化遗产保护领域的实践工作者、相关政府部门和理论研究人员阅读和参考。《非物质文化遗产保护问题研究》的出版，能够进一步推动我国对于非物质文化遗产的保护和保存，尤其是推动对非物质文化遗产的民事权利的保护。

13. 汪欣《传统村落与非物质文化遗产保护研究》与《中国非物质文化遗产保护十年（2003-2013）》

读书网、豆瓣读书、一元读书都对《传统村落与非物质文化遗产保护研究》做了推荐评价：汪欣在书中通过综述国内外各学科领域对传统村落的研究现状以及国内外对于传统村落的保护实践，介绍了关于传统村落保护的理论和实践问题。她以文化生态学为理论基础，从文化遗产保护的视角，探讨了徽州传统村落的历史发展、存在现状以及文化生态变迁，并通过考察徽州传统村落中的非物质文化遗产及其保护情况，探讨了非物质文化遗产与传统村落的关系，探索了徽州传统村落保护的途径。

汪欣在书中详细介绍了她的研究方法，包括文化生态学理论的应用和具体的研究方法。这些内容不仅展示了她扎实的学术功底，也体现了她在实际操作中如何将理论应用于具体案例分析。在全书的总结部分，汪欣探索了以村落为单位保护非物质文化遗产的实践模式，提出了具体的保护策略和建议。

京东和读书网则对《中国非物质文化遗产保护十年（2003-2013）》一书描

述为：根据从实践到理论的发展思路，分为上下编。上编为实践篇，按照非遗保护专题，梳理了 2003 年至 2013 年中国非物质文化遗产保护事业的发展历程；下编为理论篇，探讨了这十年间非物质文化遗产保护研究的主要话题。该书于 2015 年出版，是汪欣在非物质文化遗产保护领域的又一重要成果。她的研究不仅丰富了学术界对这一领域的认识，也为实际工作中提供了宝贵的参考和指导。

一些读者认为汪欣的这两部著作在非物质文化遗产保护方面提供了系统的框架和丰富的案例分析。这些内容不仅有助于学者深入理解该领域，也为政策制定者和实践工作者提供了重要的参考依据。

14. 李秀娜《非物质文化遗产的知识产权保护》

豆瓣读书、京东图书、读书网和百度学术上对李秀娜的《非物质文化遗产的知识产权保护》一书进行了简要的评价。比如读书网称其主要贡献在于对非物质文化遗产（非遗）与知识产权保护之间的关系进行了深入探讨，并提出了创新性的理论体系。该书系统地阐述了非物质文化遗产的概念、历史背景及其面临的法律问题。作者指出，我国是一个多民族国家，拥有悠久的文明历史，各族人民通过长期的生产、生活传承了大量的非物质文化遗产。因此，构建合理的非遗保护法律制度对于认识和维护文化多样性、承认非遗对文化、经济和社会发展的潜在贡献至关重要。

李秀娜在书中强调，将非物质文化遗产纳入知识产权体系并非简单地适用现行知识产权制度，而是需要创新知识产权理论体系，摆脱现行制度的范式依赖，从智力成果的源泉出发，构建符合非遗性质的新型知识产权保护制度。这一观点为解决非遗保护中的实际问题提供了新的思路。[1]

此外，书中还详细讨论了非物质文化遗产特殊保护制度的必要性和可行性，包括法律视角下的非遗保护、非遗权利与现行知识产权制度的冲突与融合，以及国际保护等方面的内容。这些内容不仅丰富了非遗保护的理论基础，也为实践操

---

[1] 豆瓣读书。

作提供了指导。①

李秀娜的研究成果得到了学术界的认可。例如,《中华人民共和国非物质文化遗产法》中也提到要注重非遗的真实性、整体性和传承性,这与李秀娜的观点相呼应。同时,她的研究还被广泛引用,成为相关领域的重要参考文献。

15. 牟延林、谭宏、刘壮主编的《非物质文化遗产概论》

该书站在历史与文化的总体高度,从国际国内两个视角,全方位、系统而深入地回答了人们对非物质文化遗产所关心的问题。而且还切实地为非物质文化遗产抢救和保护工程提供了宏观的解决问题的思路②。实践部分则结合重庆田野调查实际进行案例分析。牟延林在编写此书时,结合了他主持建设的我国非物质文化遗产国家级精品课程的经验,并获得了国家级教学成果奖一等奖(第一完成人)和重庆市社科奖二等奖。这些荣誉表明,该书在学术界具有较高的认可度和影响力③。

16. 王鹤云、高绍安《中国非物质文化遗产保护法律机制研究》

西北政法大学图书馆推介这本书。称其是一本关于中国非物质文化遗产保护的法律机制的研究著作,在学术界和实际应用中都得到了较高的评价。

豆瓣读书等公网平台收集到的信息显示该书系统地探讨了非物质文化遗产的保护问题,涵盖了历史、文化、政治等多个方面。书中不仅分析了当前我国非物质文化遗产保护的现状,还提出了具体的法律保护机制建议,如提高全民族的保护意识、完善立法以及科学管理等。从结构和实用性来看,该书层次分明,结构清晰,具有很强的实用性。这使得读者能够方便地理解和

---

① 百度学术。
② 百度学术。
③ 百度百科。

应用书中的理论和方法，从而更好地进行非物质文化遗产的保护工作。此外，书中还涉及了知识产权制度在非物质文化遗产保护中的应用，建议通过多层次保护形式来加强保护力度。这种多维度的保护策略为非遗项目的可持续发展提供了有力支持。

17. 张仲谋《非物质文化遗产传承研究》

该书是一本论文集。汇集了多位专家学者的研究成果，包括张庆善、刘魁立、张振涛、徐艺乙和段宝林等人的论文。

云图网描述该书包括《论徐州梆子的生存现状及其保护与发展》《戏曲类非物质文化遗产项目产业化运作探微——徐州优秀地方戏曲文化产业化发展构想》《基于非物质文化遗产保护视角的传统武术文化保护策略分析》等文章。适合从事相关研究工作的人员参考阅读。

18. 鲁春晓《新形势下中国非物质文化遗产保护与传承关键性问题研究》

该著作系统探讨我国非物质文化遗产在全球化、城镇化等新形势下的保护与传承，从理念梳理，到理论争论辨析、实践举措评断进行深入分析论述，并提出政策建议，具有重要的学术价值和实践意义。尤其对新形势下中国非物质文化遗产面临的诸多新问题，如传承动力的消失、"公地悲剧"及"反公地悲剧"的制约、"权利归属"和"权利流转"及确权、西方文化的入侵、知识产权保护的失位、新媒体时代的影响等新形势、新问题，进行了全面深入的研究。

山东省社会科学院刘大可研究员认为，本专著对非物质文化遗产传承发展过程中遇到的新形势、新问题论述到位、研究深入、策略建议具备较高的理论价值和现实可操作性，为构建非物质文化遗产与生态，与社会，与经济协调和可持续发展的新型模式提供了崭新思路，具备较高的学术价值和社会意义。山东大学历史文化学院张友臣教授说，该专著是非物质文化遗产领域学术上的一个新的探索，本书不仅采用传统历史资料，地方史志、有关专著、科研论文等资料，还充分利用财务报表资料、管理学、经济学类期刊、上市公司年报等资料,使资料内容更加充实,为课题研究奠定了基础,具有较高的学术价值,也具有较高的开拓、创新意义。

鲁春晓的《新形势下中国非物质文化遗产保护与传承关键性问题研究》是一部探讨我国非物质文化遗产在当前全球化、城镇化等新形势下的保护与传承的重要著作。①

19. 张兆林、齐如林、束华娜《非物质文化遗产保护领域社会力量研究》

该书详细探讨了高等教育、专家学者、民间资本、新闻媒体和行业组织等在非物质文化遗产保护中的作用,并涉及了大数据时代和融媒时代的非物质文化遗产保护。这本书为学界提供了丰富的研究视角和实证分析,尤其在如何动员和利用社会各方力量参与非物质文化遗产保护方面具有重要的参考价值。它不仅涵盖了理论层面的探讨,还结合了实际案例,使得研究成果更具操作性和指导性。②

20. 李墨丝《非物质文化遗产保护国际法制研究》

《非物质文化遗产保护国际法制研究》是李墨丝于2010年出版的一本重要著作,由法律出版社发行。该书主要探讨了在经济、科技占优势的发达国家在外交和法律上采取强势做法的背景下,国际法面临的挑战与机遇。③

从内容上看,这本书深入分析了非物质文化遗产保护的国际法基础,并且从公法和私法两个角度出发,详细讨论了不同法律模式的选择问题。④书中不仅阐

---

① 百度学术。
② 得到 app、QQ 阅读、起点中文网。
③ 百度百科、当当图书、豆瓣论文。
④ JP 图书馆。

述了发达国家在国际法中的强势地位，还指出了国际法在应对这些挑战时所面临的困境和机遇。[1]

21. 姚朝文、袁瑾《都市发展与非物质文化遗产传承》

《都市发展与非物质文化遗产传承》从当当网和京东图书的简介中可以了解到这本书的基本信息。书中分为上下两编，上编主要探讨"民俗因子在当代的影响与传播"，具体包括黄飞鸿武侠传奇在国内外的叙事活动等。分析历史传说、小说传奇、粤剧演唱等传统文化元素在现代社会中的影响与传播方式。这些文化因子不仅在国内外产生了深远的影响力，还通过新派武侠小说与影视系统得以广泛传播。下编则从当代传媒的角度出发，探讨传统文化如何嵌入现代性的媒介空间，并成为认同的重要载体。书中指出，传统文化能够为当代人提供强有力的精神支柱和心灵慰藉。

该书强调了在都市化进程中，保护和传承非物质文化遗产的重要性。作者认为，要实现这一目标，必须将传统文化因子合理地融入现代生活，并通过创新手段使其焕发新的活力。[2]

在姚朝文、袁瑾的《都市发展与非物质文化遗产传承》中，他们提到的"民俗因子"具体指的是与群众生活密切相关的各种传统文化表现形式，如民俗活动、表演艺术、传统知识和技能，以及与之相关的器具、实物、手工制品等。这些民俗因子不仅包括口头传统和表现形式，还涵盖了表演艺术、社会实践、仪式、节庆活动等。

该书对于理解现代都市化进程中的非物质文化遗产保护提供了多方面的启示和影响。首先，它强调了政府主导与民间参与相结合的重要性。在城市化进程中，政府应发挥领导作用，同时鼓励民间力量的参与，形成保护非物质文化遗产的合力。

---

[1] 百度百科。

[2] 中国非物质文化遗产网·中国非物质文化遗产数字博物馆。

22. 贾银忠《中国少数民族非物质文化遗产教程》和《中国羌族非物质文化遗产概论》

《中国少数民族非物质文化遗产教程》《中国羌族非物质文化遗产概论》这两本书由贾银忠主编，民族出版社出版。《中国少数民族非物质文化遗产教程》详细探讨了中国 55 个少数民族的非物质文化遗产，运用多学科理论交叉的研究方法，系统、全面地分析了这些遗产的生存、抢救和保护现状。

从书评来看，该书被认为是一部重要的学术著作，对我国少数民族非物质文化遗产进行了深入研究和论述。书中不仅对中国少数民族非物质文化遗产进行了界定、分类，还对其内涵、范畴、基本特征、形成及价值等方面进行了详细的阐述和划分。

此外，当当网和京东等平台也提供了该书的相关信息和评论，但具体的书评内容并未在笔者搜索到的资料中详细列出。总体而言，《中国少数民族非物质文化遗产教程》作为一部专业性的学术著作，受到了专业人士的高度评价，并为相关领域的研究提供了宝贵的参考文献。

《中国羌族非物质文化遗产概论》则首先对羌民族的人口、分布、历史以及"5·12"汶川大地震对羌族非物质文化遗产的影响作了简要的介绍，着重突出羌族非物质文化在地震之后所面临的困境。紧接着对羌族非物质文化遗产进行界定并对其现代价值进行分析，其价值包括历史价值、美学价值、语言学价值、人类学价值、民俗学价值、医药学价值等。该书从口承文化遗产、体态文化遗产、技艺文化遗产、民俗文化遗产、宗教文化遗产以及羌族文化空间六个方面对羌族非物质文化遗产进行了全面的阐释，共涉及数十项羌族非物质文化事项。该书还融入了实地调查的内容，拥有许多真实的事实材料加以佐证，使该书更具有真实性和直观性。[1]

---

[1] 豆瓣读书。

23. 陈佳《萨满艺术非物质文化遗产研究》

陈佳的《萨满艺术非物质文化遗产研究》是一部深入探讨北方满族萨满艺术的学术著作。该书基于当前对萨满教研究日益加深的现状，从美术学的角度出发，对北方民族中萨满艺术的文化成果进行了系统的研究。①

图书围绕萨满艺术中的审美规律及相关问题展开，通过探索其艺术规律、表现形式和教学传承等方面，拓展了萨满艺术文化的研究方法，并对萨满艺术的延伸理论进行了有益补充。②

微信读书、百度学术、豆瓣读书、掌阅小说网都对该书进行了报道或者刊载。

该书通过多种研究方法和视角，深入探讨了萨满艺术与北方民族历史发展之间的关系。首先，书中基于艺术学的跨学科研究方法，系统梳理了萨满造型艺术形态，并从美术学、设计学等学科方向探讨了萨满造型艺术在当代的传承与创造性转化。此外，作者还运用田野调查的方法，广泛收集和研究了萨满文化实物、图照及手抄秘册，为萨满文化艺术博物的展示与研究奠定了坚实基础。

24. 刘正宏《非物质文化遗产数字化应用与教育化传承研究》

本书以民族文化传承与创新教学资源库项目、北京市高校教改项目民族文化资源在传媒艺术专业建设中的应用研究、校级重点课题非物质文化遗产数字化应用研究为依托，并由北京市高校教改项目民族文化资源在传媒艺术专业建设中的应用研究资金支持，重点从民族文化数字化保护、教育化传承、应用化实践、平台化弘艺的载体、意义和方法，来阐释民族文化继承和发展的实施路径，探索与实践工艺传承学校教育模式，为培养民族文化传承创新职业人提供借鉴案例。③

起点中文网对该书进行了电子全文转载。

---

①智慧读书（https://www、zhdus、com]。

②Boebooks 电子书 https://www、boebooks、com/

③中国非物质文化遗产网、微信读书。

第三章 非遗学图书的社会影响力分析 113

书中详细介绍了如何通过数字化技术对非物质文化遗产进行保护和传播，强调了数字技术在保存、分类、整理和分析文化遗产方面的优势，并提出了多种互动化、沉浸式体验方式来增强公众对非遗的认知和参与度。

25. 方李莉《"文化自觉"视野中的"非遗"保护》和《"后非遗时代"与生态中国之路的思考》

《"文化自觉"视野中的"非遗"保护》是作者方李莉从2001年至今所写的一些有关文化自觉、人文资源及非遗保护方面的文章。一共分四个部分，第一个部分理论思考，主要是2001年以来所发表的一些学术论文。第二个部分田野与个案，是从2001年至2008年作者在西部所做的田野调查及个案研究，主要是集中在陕西的陕北、关中以及贵州梭嘎的苗寨。第三个部分学习与对话，主要是费孝通先生当年指导西部课题时所做的一些对话。第四个部分"文化自觉"与"非遗"保护，是作者对"非遗"保护所做的一些思考。[①]

从内容上看，方李莉通过深入的田野调查和案例分析，结合人类学视角，对非遗保护进行了全面而深刻的探讨。她强调非遗保护不仅仅是保存技艺或形式，更重要的是要尊重其背后的文化内涵和社会价值。这种观点不仅丰富了非遗保护的理论基础，也提供了具体的实践指导。方李莉的研究还特别关注文化自觉与文化自信的关系，认为非遗保护应提升到文化自觉的高度，以增强民众对本土文化的认同感和自豪感。这一理念在当前社会背景下尤为重要，因为随着全球化进程的加快，保持文化多样性与独特性显得尤为关键。[②]

此外，方李莉还提出了非遗保护的具体方法和路径，包括建立动态评估机制、促进社区参与以及加强政策支持等。这些方法不仅有助于更好地保护和传承非遗项目，也为其他领域的文化遗产保护提供了借鉴。

《"后非遗"时代与生态中国之路的思考》是作者多年来对非物质文化遗产

---

① 豆瓣读书、JP图书馆。

② 中国非物质文化遗产网。

保护对于我国文化创造力的思考与研究论文之所集，是具有理论高度与指导意义的"非遗"理论著作。作者出版过《传统与变迁——景德镇新旧民窑业田野考察》《景德镇民窑》《遗产：实践与经验》《中国陶瓷史》《艺术人类学》等十余本专著，并发表了《艺术田野中的文化思考》《从遗产到资源——以西部人文资源研究为起点》《本土性的现代化如何实践——以景德镇陶瓷手工艺的传承为例》等一百余篇论文。①

26. 欧阳正宇、彭睿娟《非物质文化遗产旅游开发》

《非物质文化遗产旅游开发》一书由欧阳正宇和彭睿娟编著，出版于吉林出版集团股份有限公司。该书结合了旅游地理学、人类学、文化遗产学和管理学的相关理论，旨在实现非物质文化遗产保护与旅游发展的互利共赢。从内容上看，这本书系统地探讨了非物质文化遗产在旅游开发中的价值及其利用方式。它不仅关注如何通过旅游开发来保护和传承非物质文化遗产，还强调了经济收益对非遗保护的反哺作用，提升非遗艺人的收入，从而增强其自我生存能力。此外，书中还涉及了多种具体的旅游开发模式，如形象经营、休闲演艺、节事旅游和旅游商品开发等，为实际操作提供了参考。②

27. 王巨山《遗产·空间·新制序：博物馆与非物质文化遗产保护研究》

《遗产·空间·新制序：博物馆与非物质文化遗产保护研究》是王巨山所著的一部关于博物馆在非物质文化遗产保护中作用的学术著作。该书分为六章，从非遗概念解读入手，探讨了非遗与物质文化遗产的关系、博物馆参与非遗保护的必要性以及传统和数字博物馆在非遗保护中的角色。③

---

① 豆瓣读书、搜狐微博。
② 百度学术、读书网。
③ JP 图书馆。

该书是教育部课题"博物馆与非物质文化遗产保护研究"（项目编号：12YJCZH198）的结题成果，具有较高的权威性和学术价值。书中不仅详细探讨了博物馆作为文化遗产、社区、人与社会交汇的重要空间，在《保护非物质文化遗产公约》构建的保护目标区域内，应发挥什么样的作用，还讨论了如何应对非遗保护中的各种挑战。① 该书也涉及了博物馆发展的现状和思考，分析了当前博物馆在非遗保护方面面临的实际情况和问题。通过对这些内容的深入研究，王巨山试图为博物馆在非遗保护中提供新的思路和方法。②

28. 田青《音乐类非物质文化遗产保护的理论与实践》

该书是一本专注于音乐类非物质文化遗产保护的重要著作。该书详细介绍了音乐类非物质文化遗产的保护理论和实际案例研究。包括江西盂戏声腔研究；内蒙古地区音乐类非物质文化遗产保护开发；西安鼓乐保护；传统民歌与歌舞类音乐遗产；传统民歌；传统乐器；宗教祭祀类音乐等内容。为传统音乐文化保护乃至整个非物质文化遗产保护的发展贡献了智慧和才华。③

29. 杨明《非物质文化遗产的法律保护》

该书是一部系统研究非物质文化遗产法律保护的重要著作。该书以"法律结构"为逻辑线索，试图勾勒出"涉及的利益主体——利益主体享有的权利之定性——利益主体之间的具体法律关系"这样的架构，对"非物质文化遗产保护的法律结构"进行解析。④

当下国内外的研究尚未触及并解决非物质文化遗产法律保护的几个核心问题，诸如私法保护与行政保护的关系、交易成本与保护模式之间的关系、如何避

---

① 百度学术、百度百科、孔夫子旧书网。
② 中图网。
③ 读书网。
④ 掌阅书城、藏书馆。

免利用者的不正当占有及政府的寻租行为，等等。本书旨在对前述问题展开深入研究，力图借此实实在在地推进相关制度的建设。①

30. 陈静梅《贵州少数民族非物质文化遗产传承人保护研究》

陈静梅的《贵州少数民族非物质文化遗产传承人保护研究》是一部深入探讨贵州少数民族非物质文化遗产及其传承人保护问题的重要著作。该书首次出版于2016年5月，以贵州少数民族为例，分析了如何有效保护传承人及其传承活动的问题。②

书中详细研究了传承人的人生历程与口述史、传承人的认定、传承人的权利义务、传承人的保护方法等多个方面。通过对这些方面的系统研究，作者揭示了在现代化进程中，非物质文化遗产的开发既可能带来积极影响，也可能对传统产生冲击。书中还指出非物质文化传承人在行政保护措施方面存在的问题，并提出了相应的完善建议。例如，强调了非物质文化遗产传承人的私权保护以及制度反思和理论构建的重要性。③

此外，陈静梅还对贵州建立的国家、省、市（州）、县四级较为完整的非物质文化遗产代表性传承人保护体系进行了介绍，并分析了各级传承人在年龄、民族、性别等方面的特点。从整体上来说，这套保护体系为传承人提供了较为全面的支持。④

31. 高轩《我国非物质文化遗产行政法保护研究》

《我国非物质文化遗产，行政法保护研究》是"暨南大学法学文库"中的一

---

① 北京大学法学院。
② 百度百科。
③ 微信读书、创世中文网。
④ 民族边疆学术资源库。

部重要著作。该书从行政法的角度对我国非物质文化遗产的保护问题进行了深入研究，系统地探讨了当前我国在这一领域的现状及存在的制度缺失，并提出了适宜的立法模式。①

书中通过分析国内外相关的立法模式，着力探讨了我国非物质文化遗产行政法保护的具体运行环节和国际上的成功经验，从而为完善我国的非物质文化遗产保护法律体系提供了理论支持和实践指导。此外，作者还针对现有法律中的不足之处，如指向错误、统筹性不足、法自主性缺乏等问题，提出了具体的改进建议。②

高轩在书中强调了行政部门在非物质文化遗产保护中的重要作用，指出财政、政策和方式等保障是行政保护的重要部分。同时，书中也提到了传承人行政法保护机制中存在的问题，例如行政确认制度不够具体明确，不同层级传承人的认定标准比较抽象。③

32.普丽春《少数民族非物质文化遗产教育传承研究》

读书是一部重要的学术著作，以云南省为例，深入探讨了少数民族非物质文化遗产在教育中的传承问题。书中详细分析了少数民族非物质文化遗产在地方高校中的教育传承体系构建与实践，强调地方高校在这一领域具有地缘、文化和人才等优势，应充分发挥这些优势，在课堂教学、科学研究和大学生校园活动等多个层面建构起完整的教育传承体系。此外，普丽春还探索了如何通过非遗传承促进铸牢中华民族共同体意识的教育，以巍山彝族打歌为例进行了具体研究。其研究不仅关注理论层面，还结合实际案例进行深入分析，提出了许多创新性的观点和方法。例如，她认为学校教育是保护和传承民族文化的重要场所，应该为本民族非物质文化遗产进入主流教育提供渠道，并创造一个与非遗共融共生的环境。她还指出，少数民族非物质文化遗产蕴含丰富的民族智慧，

---

① 百度学术。
② 杂志之家、百度百科。
③ 快懂百科、豆瓣读书。

具有活化教育场域、丰富学校素质教育、补充民族教育的功能。①

33. 安学斌《少数民族非物质文化遗产研究》

安学斌的《少数民族非物质文化遗产研究》是一部以云南巍山彝族打歌为例，深入探讨少数民族非物质文化遗产保护与传承的重要著作。该书通过实地调查和翔实的数据分析，系统地阐述了巍山彝族打歌的传承机制及其现状，为巍山彝族打歌的保护提供了重要的理论依据和实践指导。书中强调了"传承"是非物质文化遗产保护的核心概念，指出保护的根本目的是让有价值的人类非物质文化遗产能够持久延续下去。作者特别关注传承人的培养和保护，认为这是非物质文化遗产得以有效传承的关键。此外，书中还详细描述了巍山彝族打歌队的现状，并提出了具体的保护措施和建议，这些内容都是基于实地调查得来的第一手资料。②

34. 彭兆荣《生生遗续 代代相承——中国非物质文化遗产体系研究》

《生生遗续代代相承——中国非物质文化遗产体系研究》是国家重大招标课题主体部分。该专著从理论与理念层面对我国非物质文化遗产体系进行探索，提出"生生遗续"作为我国非物质文化遗产体系的核心概念。"生生"一词典出《周易·系辞上》："生生之谓易"，包含生生不息、世代相传的意思，是完整、简洁且具有中国智慧、中国道理的概念"版本"。"生生遗续"共包括六个相关部分：生命礼仪、生态亲和、生计方式、生养制度、生业组织和生产技术。③

彭兆荣所著《生生遗续 代代相承——中国非物质文化遗产体系研究》目标非常明确，旨在探索非物质文化遗产体系的中国范式。因此，本书实际体现出的

---

① 皮书数据库、读书网、云南民族大学、豆瓣读书。
② 豆瓣读书、百度学术。
③ 搜狐微博。

特点也相当明显，主要表现为自觉性、反思性、谱系性和建设性四个方面的特征。[52]

（二）来自专业机构的推介

1. 中国非物质文化遗产网·中国非物质文化遗产数字博物（www·ihchina.cn）

中国非物质文化遗产网·中国非物质文化遗产数字博物馆是根据《国务院关于加强文化遗产保护的通知》精神，在非物质文化遗产保护工作部际联席会议的领导下，由中华人民共和国文化和旅游部主管，中国艺术研究院（中国非物质文化遗产保护中心）主办的公益性非物质文化遗产保护专业网站。其推荐的图书都是具有相当学术水平和实践价值的作品。除针对性比较强的非物质文化遗产专业书目外，以下书单中还包括国内文化艺术等领域史论研究、工艺美术专业研究等著作。

（1）王文章主编的《非物质文化遗产概论》

这本书我们在第一部分已经进行详细的介绍。该书四个版本，最早于2006年由文化艺术出版社出版，是国内从基础理论方面系统研究非物质文化遗产及其保护的开拓性、奠基性成果。全书系统阐释了非物质文化遗产的基本概念、特点、性质、价值，以及保护传承等多个方面的问题，还从国际视角介绍了其他国家非物质文化遗产保护方面的情况。教育科学出版社的修订版主要着眼于2011年《中华人民共和国非物质文化遗产法》的颁布，此外，还基于近年来非物质文化遗产保护工作的客观实践，进行了更为深入的理论概括。第三版是在非物质文化遗产保护工作不断发展的背景下进行的修订，距离初版已有10年时间，反映了这10年间非遗保护的实践和理论发展。最新版在第三版修订10年后推出，进一步深入研究和总结了非遗保护的实践发展，对理论进行了更新和完善。第四版不仅在学术层面上继续填补理论空白，而且在培养非遗保护专业人才和提高工作者素养方面发挥了重要作用。每一版都对非物质文化遗产的概念、特点、价值、分类、保护的意义和理念、保护的方式进行了深入的论述和更新，以适应不断变化的保护实践和学术研究的需求。

(2) 文化部非物质文化遗产司主编的《非物质文化遗产保护法律法规资料汇编》

该书由文化部非物质文化遗产司主编，共分七个部分，包括：第一部分法律及其相关文件；第二部分国务院法规及其相关文件；第三部分有关部委规章及其相关文件；第四部分文化部规章及其相关文件；第五部分人大颁布的地方性法规及其相关文件；第六部分地方规章及其相关文件；第七部分国际公约及其相关文件。这是一本较为全面吸纳国内非物质文化遗产有关政策文件的实用工具书，对相关从业者来说可谓"案头必备"。

(3) 《非物质文化遗产法律指南》 李树文等主编 文化艺术出版社

该书一共四个部分，其中第一部分全面回顾了《中华人民共和国非物质文化遗产法》的立法过程，让读者更加了解这部法律的制定背景及程序。第二部分是《中华人民共和国非物质文化遗产法》条文释义，全方位解读法条含义。

(4) 《联合国教科文组织〈保护非物质文化遗产公约〉基础文件汇编》

2003年10月17日，联合国教科文组织第32届大会通过了《保护非物质文化遗产公约》（以下简称《公约》），成为非物质文化保护领域最重要的国际法文件，这也是人类历史上非物质文化遗产保护事业的重要里程碑。中国于2004年8月批准加入了该《公约》，成为第6个加入《公约》的国家。该书由文化部对外文化联络局编著，主要包括联合国教科文组织有关非物质文化遗产保护的相关法规文件和议事规则等，有助于读者从国际法层面了解非物质文化遗产保护工作。

(5) 王文章主编的《非物质文化遗产保护与田野工作方法》文化艺术出版社（前文已做简介）

(6) 乌丙安《中国民俗学》辽宁大学出版社

本书对于民俗学做了大量而细致的研究，研究深入民间生活的各个层面，书中将经济的民俗、社会的民俗、信仰的民俗、游艺的民俗等民俗的各种类型都给予了详细剖析，并列举出了许多生动的事例。

(7) 齐如山《中国风俗丛谈》辽宁教育出版社

《中国风俗丛谈》讲述"入境观其风俗"，是说风俗反映文化以及国力。齐如山是我国著名戏曲理论家，他一生阅历丰富，见多识广，对生活的观察和体会细致入微，常能于一般人所不见之处做出大学问。本书作者将中国特别是北方的民间勤俭，朴厚，信实的优良传统习俗写出来与读者分享，文字朴实具有趣味性。

(8) 庄孔韶《人类学概论》中国人民大学出版社

教育部高等学校社会学学科教学指导委员会推荐教材。涵盖了国内外人类学研究的最新成果，例如对影视人类学的最新发展情况进行了详细介绍，且介绍者为该领域的体验者，具有较高的信度；以文字、图片、光盘等展示当代人类学概貌，包括12位著名人类学家的素描，9部出色的人类学纪录片佳作等。

(9) 林惠祥《文化人类学》商务印书馆

该书通俗地介绍了人类学的定义、对象、分科、目的及人类学与其他学科的关系；介绍了文化人类学的产生、发展及学派；特别是具体介绍了原始物质文化、原始社会组织、原始宗教、原始艺术及原始语言文字，对了解和研究文化人类学及原始人生活状况有较大参考价值。

(10) 费孝通《乡土中国》北京大学出版社

书中对于传统乡土社会的认识与分析是解读和把握中国农村社会历史发展的

关键，也是理解中国社会的前提和基础。同时以他为代表的中国社会学学派长久以来以文化自觉的态度理解中国民族文化、关注中国社会的最根本问题、致力于社会学理论与中国实际的相结合，这些都体现了这位伟大的学者对于中国社会深切的人文关怀之情。

(11) 王文章《中国传统节日》中央编译出版社

本书全面概括这些节日的主要仪式、习俗，深入探寻这些节日蕴藏的文化内涵，向读者提供有关传统节日文化的系统的、可信的知识。

2. 中国社会科学出版社推荐

中国社会科学出版社中国社会科学院主管的一家以出版哲学社会科学学术著作为主的国家级出版社。1993年首批荣获中共中央宣传部和国家新闻出版署授予的全国优秀出版社称号。

(1)《非物质文化遗产学术精粹·"一带一路"国家非遗保护与乡村振兴卷》

该卷汇集了包括中国、韩国、日本、塞尔维亚、保加利亚、伊朗等十四个"一带一路"共建国家关于非遗保护与乡村振兴的最新研究成果，以理论探索、社区的主体性、遗产旅游的乡村影响、非遗名录与列入规则、乡村民间工艺、遗产化反思、口头传统的资源转化的实践与经验等七个专题，系统呈现"一带一路"共建国家非物质文化遗产保护与乡村振兴的经验、举措与学术成果。由多国民俗学家及文化学者共同完成。

(2)《非物质文化遗产学术精粹·有关自然界和宇宙的知识和实践卷》

杨利慧主编。本卷内容是近20年来学术刊物上发表的关于自然界和宇宙的知识与实践类非物质文化遗产方面的论文精粹，包括传统历法（特别是二十四节气）、珠算、藏医药浴法、传统医药、体育与养生等非物质文化遗产研究的高水平论文。本书将全面梳理并展现20年来关于自然和宇宙的知识与实践类非物质文化遗产的学术研究成果，以专业眼光筛选、整理后结集成书。

(3)《非物质文化遗产学术精粹·社会实践、仪式、节庆活动卷》

王尧编。该卷收集近20年来学术期刊上发表的非物质文化遗产方面的论文，包括仪式、节庆、民间信仰等社会实践类的非物质文化遗产领域的高水平论文。此类非遗项目在我国有悠久的传承历史和丰富的表达形态，仅节庆一项就包括各地的春节、清明、端午、七夕、中秋、重阳，京族的哈节、傣族泼水节、彝族火把节、壮族三月三、瑶族盘王节等等，此外还有很多地域和民族都有独特的节日形态，融合了多种节令历法知识体系、歌舞戏曲表演、游戏体育运动等，是对地方性知识的综合呈现。至于各地祭祀炎帝、黄帝、妈祖、伏羲女娲、成吉思汗等仪式庆典活动，则是探讨民族、地域、国家等不同层次的文化认同的重要渠道。中国民间信仰是民俗学、历史学、社会学、宗教学、人类学等多学科交叉领域，近年来备受海外汉学关注，几成显学，在国内也渐成热潮。全面梳理20年来此类非物质文化遗产的学术成果，经筛选、整理后结集成书，是一项必要的工作。

(4)《非物质文化遗产学术精粹·理论卷》

康丽编。该卷拟设定国际文书解读、非遗理念建构、保护实践及其反思三大板块，以全球范围内普遍存在的、与非遗密切相关的20个重要的"横向问题"（transversal issues）为编纂线索，全面梳理1995-2019年间以非物质文化遗产及其保护实践为主题的理论研究成果。

理论编纂线索包括1）社区的中心地位；2）非遗公约的话语系统；3）商业利用中的经济导向与社区导向；4）非文化目的保护和申报；5）长期保护进程与短期效应；6）性别平等；7）包括解决冲突与建设和平、气候变暖与生态环境、旅游与促进地方旅游等可持续发展；8）青年与儿童：非遗的代际传承；9）非遗的能力建设；10）原住民和少数民族；11）全球性资源与跨界共享（族群关系、民族国家、移民、流散民、游牧传统等问题与多国联合申报）；12）知识产权；13）与空间、场所和手工艺品有关的非遗；14）传承人与实践者；15）多元行动方的参与；16）保护措施的"自上而下"；17）"去语境化"或"再语境化"

问题；18）"博物馆化"及"剧场化"问题；19）非物质文化遗产与动物使用；20）非物质文化遗产保护的伦理原则。

(5)《非物质文化遗产学术精粹·口头传统卷》

万建中主编。口头传统卷分为七个部分，是近20年来学术期刊上发表的民间文学类非物质文化遗产方面的论文，包括神话、史诗、歌谣、长诗、民间传说、故事、谜语、谚语等非物质文化遗产领域的高水平论文。神话部分有陈建宪《以非物质文化遗产的眼光保护与开发神话资源拒绝伪民俗现象》，史诗部分包括王宪昭《少数民族创世神话史诗的非遗功能》，传说部分包括刘锡诚《民间传说及其保护问题》，叶涛《民间文献与民间传说的在地化研究》，故事部分包括刘守华《去粗取精话非遗——从徐文长故事说起》，歌谣部分包括韦杨波《刘三姐歌谣考辨》，说唱部分包括钱永平《遗产化境域中的昆曲保护研究》。

(6)《非物质文化遗产学术精粹·传统手工艺卷》

彭牧编。本书是近20年来学术期刊上发表的传统手工艺类非物质文化遗产方面的论文。包括民间纺织、刺绣、雕塑、陶瓷制造、竹、木、金属制造等民间工艺技术以及手工艺传统的师徒传承问题等非物质文化遗产领域的高水平论文。全面梳理20年来传统手工艺类非物质文化遗产的学术成果，经筛选、整理后结集成书。按专题进行编目。编目包括：变迁中的手工艺：机器、工业化与现代性；传统中的创造：个人与群体；技与艺：道体与器用；手艺传承与地方文化；生产性保护：政府与市场。

(7)《非物质文化遗产学术精粹·表演艺术卷》

岳永逸等编。书稿内容为近二十年来在学术期刊上发表的表演艺术类（包括曲艺、戏曲、音乐、舞蹈等）非物质文化遗产方面的优秀论文。本书是"物质文化遗产学术精粹"丛书中的一本，本书全面梳理表演艺术类非物质文化遗产的学术成果，经筛选、整理后，按专题进行编目结集成书，分成六编，第一编"非遗表演艺术及其传承人"，第二编"说唱艺术"，第三编"传统戏剧"，第四编"传统音乐"，第五编"传统舞蹈"，第六编"史论"。表演艺术类的非物质文化遗产是我国非物质文化遗产的重要组成部分,本书大量的田野材料及理论分析都将丰富该领域的成果。

(8)《非物质文化遗产法律保护研究》

李小苹著。本书对非物质文化遗产法律保护的一般性问题作了梳理,用对比的方法对国内外非物质文化遗产保护现状和问题进行讨论,并基于文献和调查资料对我国非物质文化遗产保护现状和存在的问题作了分析,提出了一些解决方案。同时不回避法律保护中的重点和难点问题,诸如对非物质文化遗产范围、权利主体、权利性质的确定;其与知识产权客体的法律保护的比较中,指出其客体突破了传统法律关系的客体的形态范围,得出不同的私权主体,具有不同的私权权利的结论;在其公法与私法的保护问题上,提出公法为主、私法为辅的保护模式,这是法律调整的复杂对象以及对象内在结构关系使然,并从公、私法两方面对"非遗"保护可能涉及的部门法立法建构作了尝试性的讨论;对其法律制度建构的基本原则和立法问题进行论述,特别是在法律视角下对其保护定义中的分类标准进行探索性讨论,并以特例的形式予以展现等等;最后从法哲学的视角对其法律保护中的不良倾向的矫正、世界意识与新观念的确立作了整体性分析,目的是为其保护行动提供思想上的可能性。

(9)《中国非物质文化遗产建档保护机制研究》

叶鹏著。《中国非物质文化遗产建档保护机制研究》是国家社科基金一般项目(15BTQ082)的最终结题成果,该结题成果获评鉴定等级为"良好"。本书的主要内容体现在以下三个方面:第一,一种非遗建档式保护机制,即构建以文化行政管理部门为主管、以科技管理部门为主导、以档案管理部门为支撑、以高新企业为主体的非遗建档式保护机制。上述机制是保障我国非遗保护事业发展的基础。第二,一个非遗建档式保护平台,即结合档案学理论,将新兴技术引入非遗建档保护领域,创建非遗建档式保护平台。这种平台是推动我国非遗建档式保护工作开展的载体。第三,一条非遗建档式保护路径,即基于我国非遗建档式保护的前瞻性需求,结合文化社会发展状况,提出具有推广价值的非遗建档式保护机制与路径策略。上述策略是实现我国非遗建档式保护事业进步的途径。

(10)《甘肃省非物质文化遗产与旅游融合发展》

欧阳正宇、陈娟娟编著。在文旅融合发展的大背景下，加大对非物质文化遗产与旅游融合发展路径的探索显得尤为重要。本书主要通过四个部分来探索甘肃省非物质文化遗产与旅游融合发展理论与实践。第一篇重点阐述非物质文化遗产的相关概念，以及文化产业与旅游产业的关系，厘清文旅产业融合发展的基础。第二篇以文化变迁、文化空间以及旅游地理学等相关理论为视角对非物质文化遗产与旅游融合提供理论依据，并以数字化档案、SECI 模型和贝尔品牌形象等模型为参考建立融合发展模型。第三篇主要对甘肃省非物质文化的资源赋存、价值与困境进行梳理介绍。第四篇提出非物质文化遗产与旅游融合发展的四种融合路径，并对甘肃省非物质文化遗产与旅游融合发展的具体实践进行分析。

(11)《非物质文化遗产旅游开发的理论与实践》

阚如良著。该书为国家社科基金一般项目（12BMZ052）。从非物质文化遗产保护传承的现状研究入手，探索非物质文化遗产保护传承与旅游开发的关系，建立评价体系对非物质文化遗产旅游开发的适宜性进行定量研究，通过案例研究提炼非物质文化遗产的四分法旅游开发模式、非物质文化遗产的旅游商品开发模式，指导实践对非遗保护传承与旅游开发的互动对策。研究成果构建了非遗保护传承与旅游开发互动的理论体系，进一步丰富了非遗旅游开发的理论成果。

(12)《非物质文化遗产：关键词研究》

刘壮、王先胜著。本书以非物质文化遗产这一新兴的领域为对象，以联合国教科文组织《保护非物质文化遗产公约》为基础，结合我国法律法规和保护实践，从构建学科体系的视角出发，对非物质文化遗产研究、保护所涉及的核心概念进行了深入辨析，初步构建了非物质文化遗产研究的概念体系。

(13)《中国非物质文化遗产建档标准体系研究》

戴旸著。该书遵循"全面调查——系统研究——揭示规律——形成标准框架——主攻标准内容"的研究路线；以构建我国非遗建档标准体系为目的，以合理借鉴和参考档案管理（含电子档案管理）标准为前提，在全面总结国内外非遗建档、非遗建档标准化经验的基础上，对我国非遗建档标准体系展开了系统研究。

(14)《非物质文化遗产保护领域社会力量研究》

张兆林等著。该书是对非物质文化遗产保护力量的社会力量予以系统研究，尤其对于参与其中的高等教育、专家学者、民间资本、新闻媒体、行业组织等进行详尽研究，并对大数据时代、融媒时代下的非物质文化遗产有所涉及，在一定程度上能够丰富学界现有的研究成果。

(15)《新形势下中国非物质文化遗产保护与传承关键性问题研究》

鲁春晓著。本书探讨了我国非物质文化遗产在如今全球化、城镇化等新形势下的保护与传承，主要内容包括理念梳理、理论争论辨析、实践举措评断和政策建议的提出，具有一定的理论意义和现实意义。

3. 中国艺术研究院推荐

中国艺术研究院是我国唯一一所集艺术研究、艺术教育、艺术创作、非物质文化遗产保护和文化艺术智库于一体的国家级综合性学术机构，是在新中国初期建立的中国戏曲研究院、中国音乐研究所、中国美术研究所三家学术机构基础上发展而来。2006年8月，经中央机构编制委员会办公室批准，中国艺术研究院加挂"中国非物质文化遗产保护中心"牌子。

文化艺术出版社是中华人民共和国文化和旅游部主管、中国艺术研究院主办的综合性出版社。主要出版古今中外优秀文学艺术作品、文艺理论、各门类艺术史、艺术科学工具书、普及性的艺术科学知识读物以及中国艺术研究院、文化和旅游部所属研究机构的科研成果。近年来突出了艺术类、学术类等高品位图书的主导地位，尤其是非物质文化遗产类、戏曲戏剧类、美术音乐类图书已形成规模。以下书籍由中国艺术研究院推介，但不限于文化艺术出版社出版。

（1）《作为知识的遗产：响水稻作探源与实践研究》

侯学然著。探讨知识产生、发展和传播的社会根源以及知识对社会的影响是知识社会学的普遍范式，遗产本身作为一种知识的存在，人类对知识的积累与遗忘究竟如何生成现代性？本书的主要目的是通过一个具体的农业文化遗产项目，讨论作为知识的遗产之具体形态和内涵，以及文化遗产在社会文化建设、乡村振兴中的积极作用。

（2）《20世纪中国工艺美术史》

邱春林著。全书分为上、下两卷，共计60万字、800幅图，系统梳理了1900年至2000年一个世纪内中国工艺美术的发展演变，总结了工艺美术在晚清、民国和中华人民共和国成立这三个社会大转型时期所取得的工艺进步和产业成就，分析了不同时代工艺美术设计和创作发生审美变迁的总体动向，同时发掘民族审美文化精神，揭示百年来工艺美术发展变化的历史逻辑。

（3）《幽兰春晓："古琴艺术"申遗二十周年纪念文集》

田青主编。为了总结二十年的保护成就，回顾古琴艺术的保护历程，进而揭示其衰落与兴盛所蕴含的文化机理，本书精选了2003年以来的代表性学术论文，内容涉及琴论、琴史、琴派、琴曲、琴指法、琴律与琴调、琴谱与打谱、琴人、琴器、评论等不同领域，既是琴学研究的阶段性总结，也是古琴艺术二十年历程的学理性呈现。

（4）《艺术人类学与非物质文化遗产》

汪欣著。本书主要探讨"艺术人类学是一套什么样的理论方法体系？"和"如何用艺术人类学理论方法研究非物质文化遗产？"两大核心议题。本书以文化人类学在中国非物质文化遗产保护和研究中的学术实践为开篇，在系统阐释艺术人类学理论和方法论的基础上，通过对艺术人类学视野下的非物质文化遗产研究成果的分析，详细解读艺术人类学理论范式在非物质文化遗产研究中的实践路径，以期立足本土性的资料反思西方艺术人类学理论在中国的研究实践，推动中国艺术人类学本土理论的建构，也为非物质文化遗产研究提供一种方法论借鉴。

（5）礼俗之间：中国音乐文化史研究丛书（13 册）

项阳主编，上海音乐出版社 2019 年出版。丛书运用历史人类学方法论，强调"接通的意义"，从传统音乐活态存在切入，认知音乐本体意义和体裁类型的丰富性，把握当下存在多种形态的多功能性，回归历史语境探讨活态存在与中国音乐传统的有机关联，即所谓"官乐民存"意义。认知国家用乐和仪式、非仪式用乐或称礼乐和俗乐两条主导脉络在华夏礼乐文明中的意义和作用，探讨乐籍制度下官属乐人依国家礼乐观念和礼乐制度对国家用乐的创承和引领，当下民间礼俗对传统国家礼制用乐的接衍，以及社会对此文化认同与创造性发展。

本丛书获 2019 年度国家出版基金资助，2021 年入选中央宣传部《中华民族音乐传承出版工程》。

（6）《"乐改"纪事本末：新中国民族乐器发展史》

高舒著，文化艺术出版社 2023 年出版。本书共七章，50 万字，点明"中国民族乐器改革（良）"的专有名词——"乐改"的开端，即 1954 年中国音乐研究所第一任领导集体组建"乐改小组"领导的全国各民族乐器改革，记录中华人民共和国成立以来民族乐器发展形制性能，模塑"中国声音"的标准化历程，完成了对这一中国近现代音乐史关键事件的整体性研究，也从理念和实践角度积极回应了 20 世纪以来关于中国民族音乐发展路向的标志性命题。

（7）《中国非物质文化遗产活态展陈》

刘托等著，安徽科学技术出版社的《中国非物质文化遗产活态展陈》对非遗展陈的功能、对象、内容、方式等亟待厘清的基本问题进行了系统的分析讨论，围绕非物质文化遗产的"非物质性""活态性""整体性""关联性"等基本属性探讨了非遗展示与传播方式的特殊性。本书主要涉及以下几方面内容：第一，国内非遗展陈现状、成果以及当下亟待解决的问题；第二，作者依据展示性原理将非遗展项综合为民俗类区块、表演类区块、技艺类区块，探讨了如何在非遗展陈原则下对非遗展项进行分类和分板块设计，以及各板块的展陈理念和展示方式；第三，如何进行非遗内容策划和主题定位；第四，如何进行展陈方式的选择和创新，特别是有别于传统博物馆静态实物展陈的非遗活态展陈的特点、方法、类别等，包括运用数字化、多媒体技术丰富展陈效果；第五，如何在展示中合理运用互动、参与、体验设计理念，优化与完善全过程服务设计。

（8）《相声表演艺术研究》

蒋慧明著，学苑出版社2022年出版。本书关于相声表演艺术规律和特征的整理、归纳、论述和阐释，对相关研究的推进以及当下相声艺术的发展具有一定的积极意义。

（9）《中国传统音乐考察报告》

该书是中国艺术研究院2019年基本科研业务费院级学术研究项目。全书共10卷，集文字资料与音响资料于一体，收录20世纪50—60年代音乐研究所采访、整理、编印的部分传统音乐考察报告及音响资料，纸稿共计40册、音响资料共计1170条，由编委会结合采访年代、采访地点和乐种类别进行排序、整理。本书全面体现了中国艺术研究院在70多年的发展历程中，对中华优秀传统音乐文化保护和传承的重要成果，展示了中国艺术研究院音乐研究所前辈学者的传统音乐实地考察方法、学术传统和中国音乐学学术体系奠基者的学术精神。

（10）《藏族情歌 安多拉伊》

银卓玛著，文化艺术出版社2020年出版。拉伊属安多藏族情歌，作者深入挖掘拉伊的音乐艺术形式及相关的文化内容，并把一些个案访谈以客观写实的方式进行记录，力求将被访者的内心与声音真实地呈现出来，做到作者、观众（读者)、被访者共同对话,让藏族民间歌手及传承人等被访者在此研究中拥有话语权,用本民族群众的观念和认识来解译拉伊,使读者听到被访者的声音,让民间歌者记忆中的"拉伊财富"以文本形式得以保存。

(11)《西周甬钟篆带云纹研究》

王清雷著,文物出版社2021年出版。是中国艺术研究院招标课题《人神共享的西周礼乐重器——西周编钟研究》成果,约26万字,368幅图片。该书选择了45例纹饰清晰、来源可靠、资料完整的西周甬钟,对其篆带所饰云纹做了深入系统的研究。

(12)《中国传统色彩研究》

牛克诚主编,文化艺术出版社2022年出版。《中国传统色彩研究》(全二册)是中国传统色彩理论研究论文集,收录国内外60余位专家学者关于色彩研究的理论文章,涉及色彩意识、色彩观念、颜色词、颜料与媒介、色彩技艺、绘画色彩、服饰色彩以及建筑、城市色彩等方面,是中国传统色彩研究的最新成果,为社会各界了解中国传统色彩提供专业解读。

(13)《大运河遗产保护理论与方法》

田林著,文化艺术出版社2021年出版。本书在研究中外运河遗产保护的理论与实践的基础上,从中国大运河遗产认定、价值阐释,到大运河遗产分级保护规划编制、遗产本体保护措施制定、环境景观营造、展示利用方式遴选、管理模式确定及文物影响评估方法等方面,结合大量实践范例进行解析,从整体性的视角研究中国大运河遗产系统性保护方法,初步建构了中国大运河遗产保护理论与方法体系,并在大运河遗产价值科学阐释与合理利用方法研究的基础上,提出了大运河文化带和国家文化公园建设的理论框架与具体方法。

本书得到了中国艺术研究院与北京市文物局共建大运河文化研究中心的支持,是中国艺术研究院基本科研业务费项目"长城、大运河和长征三大国家文化公园建设与管理体制机制研究"的系列成果之一。

(14)《中国少数民族戏曲剧种发展史》

王文章主编，刘文峰、李悦副主编，学苑出版社 2007 年 12 月出版。这是一部全面介绍我国少数民族戏曲的集体著作。它集中了全国各地研究少数民族戏曲的专家力量，合力攻关完成。全书资料丰富，论据充足，论述充分，体例编排得当。各地作者在编委会的统一领导下，注重联系各民族的民风民俗、文化传统，对各剧种的历史沿革、舞台艺术、演出剧目等，进行了综合考察；对各少数民族戏曲的发展历史和现状，进行了全面的梳理；对民族戏曲发展进程中出现的一些理论问题，展开了系统的论述。

全书共分 17 章，详尽记叙了西藏藏戏、门巴戏、青海藏戏、甘南藏戏、四川藏戏、广西壮剧、壮师剧、云南壮剧、傣剧、章哈剧、白剧、彝剧、侗戏、布依戏、湘西苗剧、广西苗剧、内蒙古蒙古剧、阜新蒙古剧、满族新城戏、维吾尔剧、唱剧、毛南戏、佤族清戏、释比戏等 24 个少数民族戏曲剧种的发展历史与艺术形态。每章按各剧种的实际情况，分为形成历史和发展现状、演出团体、著名演员、代表剧目、音乐特点、表演风格、舞美特色、演出习俗等节。各节的编写内容，既保持了全书体例框架的完整性，又突出了不同剧种艺术的独特性，使历史与现实、共性与个性得到了较好的统一。全书以各民族戏曲剧种的发展为主线，同时又对少数民族戏曲发展过程中出现的一些普遍问题进行了探讨，如"戏曲是中华各民族人民的共同创造""新中国成立后少数民族戏曲的发展""少数民族戏曲的生成规律""戏曲的基本特征与民族特征""少数民族戏曲的继承、保护与发展"等重要议题。

这是新中国成立以来，我国编写出版的一部最权威、全面、系统、准确地反映中国少数民族戏曲整体面貌的史学专著。

（三）获奖图书

中国出版政府奖是我国新闻出版领域的最高奖项，每三年评选一次。这个奖项旨在通过表彰和奖励国内出版业的优秀出版物、出版单位和个人来促进出版业的高质量发展，推进社会主义文化强国建设。与中宣部精神文明建设"五个一工程"奖、中华优秀出版物奖并列为业界三大奖。

中华优秀出版物奖由中国出版协会（原中国出版工作者协会）主办，每两年评选一次。

中宣部精神文明建设"五个一工程"奖则主要奖励的是优秀的精神文化产品，包括戏剧、电影（含动画电影、纪录电影）、电视剧（含动画片、文化类纪录片和专题节目）、广播剧、歌曲、图书（包括文学类图书、通俗理论读物和少儿读物）六大类作品。

文津奖是国家图书馆主办并联合全国图书馆界共同参与的公益性图书奖项，每年举办一次，每次评出获奖图书10种（可空缺）。评奖对象为前一年度公开出版、发行的汉文版图书，评选范围包括哲学社会科学和自然科学类的大众读物，侧重于能够传播知识、陶冶情操，提高公众的人文素养和科学素养的普及类图书。自2004年创办，前18届已评出211种获奖图书和781种推荐图书。

我们在搜集整理网络评价的过程中，获取了关于这些学术著作一些获奖信息。获奖图书中不乏艺术学如《<髹饰录>与东亚漆艺》《侗族琵琶歌》《红河彝族文化遗产古籍典藏（彝文）》《五台山文化遗产》《国粹：人文传承书》等，因为不确定其内容是否紧扣非遗研究，所以没有列出。

国家级出版奖获奖图书一览表

获奖图书	作者	出版社	奖项
《玛纳斯》（柯尔克孜文版）（上、下）	玉素甫·玛玛依演唱 新疆维吾尔自治区民间文艺家协会整理	新疆人民出版社	首届中国出版政府奖提名
城市记忆——北京四合院普查成果与保护	北京市古代建筑研究所 董维东编	北京美术摄影出版社	第四届中国出版政府奖提名
巴音郭楞《江格尔》（蒙古文）	孟开、乌日乐、多尼娅 格格哈斯 等总主编	内蒙古文化出版社	第四届中国出版政府奖提名

续表

获奖图书	作者	出版社	奖项
图说中国传统节日	宋兆麟著	世界图书出版公司	第三届中华优秀出版物奖
第一批国家级非物质文化遗产图典	周和平主编	文化艺术出版社	第三届中华优秀出版物奖图书提名奖
中国传统民间印染技艺	吴元新等编著	中国纺织出版社	第四届中华优秀出版物提名奖
中国非物质文化遗产大辞典	王文章主编	崇文书局	第八届中华优秀出版物奖
中国最美、图说中国非物质文化遗产	任晓姝、王海霞	湖北美术出版社	第五届中华优秀出版物提名奖
藏传噶玛嘎孜画派唐卡艺术	康·格桑益希《藏传噶玛嘎孜画派唐卡艺术》编委会	四川美术出版社	第五届中华优秀出版物提名奖
藏族服饰研究（2册）	刘瑞璞、王丽琄、陈果	东华大学出版社	第七届中华优秀出版物提名奖
四时工巧——乡土中国寻美	潘鲁生 著	人民文学出版社	第十八届文津图书奖
中国人的音乐	田青 著	中信出版集团	第十八届文津图书奖

另外还有一些获得了国家出版基金资助的出版项目。如陕西人民教育出版社的《丝绸之路起点上的非遗文化（丛书）》、西藏藏文古籍出版社的《西藏非物质文化遗产系列（第二辑）》、广州暨南大学出版社有限责任公司《客家非物质文化遗产传承与保护工程系列》、云南教育出版社有限责任公司《西双版纳傣族自治州国家级非物质文化遗产丛书》、华南理工大学出版社有限公司《广东省非物质文化遗产传统音乐研究丛书》、方圆电子音像出版社有限责任公司的《箫鼓春社——京津冀地区非物质文化遗产传统音乐集成（丛书）》、高等教育电子音像出版社有限公司的《使命与责任：中国非物质文化遗产教育传承项目（第一期：传统戏剧）》、雪域音像电子出版社的《西藏自治区国家级非物质文化遗产传承人》、湖北九通电子音像出版社有限公司《荆楚国家级

非物质文化遗产精粹》、厦门文广影音有限公司《"世界闽南话音视频出版工程"之闽南非物质文化遗产系列》、云南教育音像电子出版社有限责任公司的《云南非物质文化遗产传承人（第一辑）》等，都是丛书和音像制品。获奖图书集中在工具书、丛书、科普类和地方普查项目上。

　　还有就是地方级的一些奖项。包括王文章研究员的《非物质文化遗产概论》在2017年获北京市人民政府颁发的北京市高等教育教学成果奖一等奖。宋俊华、王开桃的《非物质文化遗产保护研究》获得广东省第七届哲学社会科学优秀成果奖。

第四章

非遗学图书综合评价

FEIYI XUESHU TUSHU
YINGXIANGLI
FENXI YANJIU

（一）综合评价指标构建与实施

1. 综合评价量化指标的选择

如前所述，评价图书的综合影响力，主要评价对象包括其学术影响力和社会影响力。学术影响力评价领域可以参考的量化指标主要是：引文频次、学者指数、馆藏数量、读者利用率、再版次数、其他文献（如学术论文、学位论文、会议论文等）引用比例、基于内容的数据细颗粒度挖掘等。社会影响力评价则主要考虑网络媒体阅读量、公众号点击数、微博书评、网上书城评论和一些图书评论网站热度（如豆瓣读书、微信读书、读书网等）。

基于对近 20 年来有关非物质文化遗产的图书所具有的一些可信和准确的数据分析，我们选择四个指标进行最大程度的客观综合性评价。分别是被引总频次、博硕士论文引用数、该书在国内图书馆的馆藏分布量和社会网络关注度四个方面。最后再进行代表性学者 H 指数和活跃研究机构的分析，相互印证及补充。即进行客观量化评价之后再利用主观评价进行少量调整，确定结果。涉及的客观量化指标包以下四类。

（1）图书被引总频次

图书被引总频次数据来源于中国知网引文数据库。被引次数反映研究者对该书的认同程度。在一个较长的时期（如该学科门类文献半衰期）内，被引总频次可以作为该书在学科领域研究里学术价值的一个直接评判标准。

（2）博硕士论文引用数

在引用指标下，图书的期刊论文或者核心期刊论文引用数、博硕士论文引用数和其他文献类型引用数是构成引用总频次的二级指标，由于非遗专门的相关核心期刊极少，所以选取其中代表性的二级指标——博硕士论文引用数作为综合评判指标之一。

（3）馆藏量分布

图书馆是各种学术文献聚集和传播最直接的重要阵地。在全国3000多所高校和3000多所公共图书馆中，该书的分布数量也是其传播面的直接佐证，对其被利用的频率有直接影响。

（4）社会网络关注度

这是一个复合指标。我们采取的是专业书评人次、豆瓣书评次数、当当网络评价次数和微信书评次数的总和。专业书评人次是指专家学者或对其中某一种有深层次解读，甚至对其有明确评价的，每一篇评论按次数100进行次数累加。专业网站推介的按每篇50次累加。类似评论或公开文章太少，我们收集到的只有少数专家学者评论如：王文章教授的《非物质文化遗产概论》、苑利、顾军的《非物质文化遗产学》、乌丙安教授的《非物质文化遗产保护理论与方法》、刘锡诚的《非物质文化遗产：理论与实践》、麻国庆《文化人类学与非物质文化遗产》、杨红的《非物质文化遗产数字化研究》、鲁春晓的《新形势下中国非物质文化遗产保护与传承关键性问题研究》。获奖数据极少，对评价对象（347种图书）不具备普遍性，可以作为侧面印证和解读。豆瓣热度和当当网、京东好评率未纳入复合指标，一方面是数据太少，不具备普遍性，另一方面是因为读者好评受限于购买记录，不能作为定量分析数据来源。

2. 综合评价建模

对图书馆分布数量、被引总频次、博硕士论文引用数和社会网络关注度四个方面数据进行归一化处理后，我们得到下表（部分），完整指标一览表请参见附录综合影响力分析指标一览表。

2005—2023非遗图书影响力综合评价指标总表（部分）

序号	书名	首版年	责任者	全国馆藏量	被引总频次	博硕士论文引用数	社会网络关注度
1	非物质文化遗产概论	2006	王文章	344	3614	1856	356
2	非物质文化遗产概论	2008	王文章	196	2074	1067	199
3	非物质文化遗产学	2009	苑利、顾军	253	786	450	156
4	非物质文化遗产保护理论与方法	2010	乌丙安	164	665	469	116
5	非物质文化遗产	2009	刘锡诚	10	370	252	75
6	非物质文化遗产学论集	2006	陶立璠、樱井龙彦	178	352	206	40
7	非物质文化遗产保护研究	2013	宋俊华、王开桃	10	280	158	410
8	非物质文化遗产保护与田野工作方法	2008	王文章	155	275	194	124
9	非物质文化遗产概论	2009	牟延林	10	263	22	56
10	非物质文化遗产数字化研究	2014	杨红	261	243	126	234
11	非物质文化遗产的知识产权保护	2010	李秀娜	10	227	148	23
12	文化人类学与非物质文化遗产	2018	麻国庆、朱伟	204	216	118	109
13	中国少数民族非物质文化遗产教程	2008	贾银忠	152	202	112	167
14	中国非物质文化遗产保护法律机制研究	2009	王鹤云、高绍安	10	191	121	58
15	非物质文化遗产传承研究	2010	张仲谋	15	183	127	26
16	中国非物质文化遗产百科全书	2014	冯骥才	147	163	76	352
17	中国非物质文化遗产保护论坛论文集	2006	王文章	72	161	106	123
18	世界非物质文化遗产	2006	向云驹	236	160	111	71
19	非物质文化遗产保护问题研究	2012	中国社会科学院知识产权中心	192	134	97	150
20	都市发展与非物质文化遗产传承	2009	姚朝文、袁瑾	10	132	88	85
21	非物质文化遗产保护国际法制研究	2010	李墨丝	191	131	93	0
22	"文化自觉"视野中的"非遗"保护	2015	方李莉	14	127	70	61

续表

序号	书名	首版年	责任者	全国馆藏量	被引总频次	博硕士论文引用数	社会网络关注度
23	传统村落与非物质文化遗产保护研究	2014	汪欣	130	124	87	163
24	解读非物质文化遗产	2009	向云驹	123	117	89	11
25	少数民族非物质文化遗产研究	2008	安学斌	20	114	70	1
26	非物质文化遗产	2019	杨红	10	97	60	75
27	我国非物质文化遗产的法律保护研究	2010	赵方	10	97	72	7
28	非物质文化遗产精要	2007	段宝林	10	96	72	0
29	非物质文化遗产概论	2012	王巨山	118	94	22	0
30	少数民族非物质文化遗产教育传承研究	2010	普丽春	67	94	60	15
31	音乐类非物质文化遗产保护概论	2011	李爱真、吴跃华	88	94	41	0
32	非物质文化遗产的法律保护	2014	杨明	0	87	62	103
33	音乐类非物质文化遗产保护的理论与实践	2012	田青	95	85	38	71
34	抢救保护非物质文化遗产	2006	郝苏民、文化	148	84	47	0
35	中国非物质文化遗产保护研究	2007	文化部民族民间文艺发展中心	43	83	52	0
36	文化创意和非遗保护	2013	马知遥、孙锐	10	82	49	0
37	非物质文化遗产与民间美术研究文集	2008	乔晓光	53	79	52	1
38	非物质文化遗产的创意价值研究	2015	汪广松	10	78	54	2
39	武陵地区非物质文化遗产及其文献集成	2008	胡萍、蔡清万	40	78	28	0
40	中国非物质文化遗产保护十年	2015	汪欣	148	78	56	199
41	我国非物质文化遗产行政法保护研究	2012	高轩	173	76	59	3
42	非物质文化遗产保护研究文集	2015	李荣启	10	75	54	0
43	中国少数民族非物质文化遗产法律保护基本问题研究	2011	韩小兵	114	72	50	1

续表

序号	书名	首版年	责任者	全国馆藏量	被引总频次	博硕士论文引用数	社会网络关注度
44	中国羌族非物质文化遗产概论	2010	贾银忠	104	70	30	166
45	政策视野中的少数民族非物质文化遗产	2010	赵学义、关凯	105	69	42	0
46	非物质文化遗产的传播研究	2013	何华湘	10	68	39	32
47	新形势下中国非物质文化遗产保护与传承关键性问题研究	2017	鲁春晓	155	68	46	168
48	中国非物质文化遗产	2005	叶春生	10	62	8	0
49	非物质文化遗产保护领域社会力量研究	2017	张兆林、齐如林、束华娜	179	61	41	145
50	国外非物质文化遗产保护的经验与启示	2018	曹德明	49	60	32	91
51	非物质文化遗产保护国际学术研讨会论文集	2005	王文章	10	56	39	0
52	非物质文化遗产保护与本土经验	2009	潘年英	51	56	40	28
53	贵州非物质文化遗产研究	2009	申茂平	48	56	28	27
54	非物质文化遗产与艺术人类学	2012	中国艺术人类学学会	153	54	38	18
55	壮剧艺术与非物质文化遗产保护	2008	廖明君	15	53	23	1
56	非物质文化遗产导论	2008	覃业银、张红专	35	51	33	0
57	生生遗续 代代相承	2017	彭兆荣	5	50	25	38
58	人类非物质文化遗产代表作	2006	邹启山	0	50	24	16
59	UNESCO《保护非物质文化遗产公约》述论	2013	钱永平	97	49	30	0
60	非物质文化遗产的法律保护体系	2014	刘红婴	172	48	35	0
61	土家族非物质文化的教育保护与传承研究	2011	谭志松	117	48	35	27
62	非物质文化遗产保护的理论与实践	2018	林青	0	42	35	0
63	非物质文化遗产研究集刊	2008	浙江师范大学浙江省非物质文化遗产研究基地	0	41	11	0

续表

序号	书名	首版年	责任者	全国馆藏量	被引总频次	博硕士论文引用数	社会网络关注度
64	音乐类非物质文化遗产保护国际学术研讨会论文集	2009	田青、秦序	67	41	22	27
65	中国的世界非物质文化遗产	2011	于海广	291	41	23	0
66	非物质文化遗产与历史变迁中的地方社会	2011	马莉	214	40	30	0
67	荆楚国家级非物质文化遗产	2008	左尚鸿、张友云	94	40	28	17
68	非物质文化遗产数字化应用与教育化传承研究	2018	刘正宏	141	39	20	175
69	非物质文化遗产保护与民间文学	2014	刘守华	163	38	25	0
70	汉绣与非物质文化遗产保护论文集	2011	冯泽民	58	38	16	0
71	少数民族非物质文化遗产研究	2015	祁庆富、史晖	91	37	70	1
72	中国非物质文化遗产	2006	张庆善	0	36	8	0
73	民族自治地方少数民族非物质文化遗产的法律保护研究	2010	包桂荣	71	35	32	50
74	土家族非物质文化遗产研究	2013	谭志国	274	35	5	0
75	民间非物质文化的大学传承	2010	刘慧群	133	34	19	86
76	非物质文化遗产概论	2015	陈淑姣	0	33	22	0
77	贵州少数民族非物质文化遗产传承人保护研究	2016	陈静梅	117	33	23	147
78	回归生活	2018	陈勤建	0	33	25	86
79	民间叙事与非物质文化遗产	2012	林继富	186	33	20	6
80	云南民族口传非物质文化遗产总目提要	2008	普学旺	43	33	12	136
81	非物质文化遗产旅游开发	2016	欧阳正宇、彭睿娟	412	32	19	0
82	甘肃非物质文化遗产概论	2014	徐凤	72	32	24	3
83	知识经济与视觉文化视野下的非物质文化遗产保护与开发	2012	白慧颖	216	32	20	0
84	非物质文化遗产保护与开发的经济学分析	2009	王松华	0	30	22	0

续表

序号	书名	首版年	责任者	全国馆藏量	被引总频次	博硕士论文引用数	社会网络关注度
85	中国经验	2018	乔晓光、陈明潞	0	30	14	0
86	河南非物质文化遗产传承与产业化研究	2014	汪振军	95	29	18	41
87	扬州首批非物质文化遗产概览	2008	陆苏华	37	29	12	0
88	中国纺织类非物质文化遗产概论	2015	赵宏、曹明福	16	29	14	30
89	"后非遗"时代与生态中国之路的思考	2019	方李莉	0	28	15	0
90	非物质文化遗产保护模式创新实证研究	2014	朱祥贵	152	28	24	84
91	非物质文化遗产视野下的民俗艺术与宗教艺术	2008	黄泽	9	28	18	170
92	遗产·空间·新制序	2018	王巨山	120	28	20	172
93	非物质文化遗产保护与文化产业发展	2010	李昕	0	27	19	0
94	非物质文化遗产法律保护研究	2018	张洁	130	27	18	47
95	关中非物质文化遗产研究	2014	隋丽娜	151	27	17	29
96	论非物质文化遗产保护	2009	王文章	0	27	19	0
97	吕梁市非物质文化遗产荟萃	2010	杜旭华	44	27	19	74
98	中国非物质文化遗产资源图谱研究	2016	蔡丰明	169	27	18	1
99	四川民族地区国家级非物质文化遗产	2009	何永斌	101	26	3	0
100	新疆非物质文化遗产代表作	2006	新疆维吾尔自治区文化厅	51	26	19	0

(1) 权重模型选择

常见的计算权重的方法有 AHP 层次分析法、模糊综合评价法等基于专家打分的方式，操作上不方便也不够客观，仅适用于小规模的综合评价和内容评价。这里的综合评价以客观量化综合分析为基础，拟选用常见的熵值法+熵权法进行分别赋权，结合少量专业人士的公开评价和学者 H 指数及论文方面的成果，对赋权结果进行微整后，确定每本书最终权重，进行建模得出结论。

熵值法和熵权法的计算过程基本一致，它们都是基于信息熵理论的客观赋权方法。这种方法主要用于多指标综合评价，通过计算各指标的信息熵来确定指标的权重。其优点是客观性强，权重的确定完全依据数据本身的变异程度，避免了主观因素的影响；可以处理正向指标和负向指标；适用于指标较多的复杂系统评价。可用于区域经济发展水平评价、企业绩效评估、生态环境质量评价、产品质量综合评价等领域。

在熵值法/熵权法赋权计算过程中，通常可以使用 Excel、MATLAB.R 或 Python 等工具进行计算。这里我们使用的是 Python 进行计算。

(2) 分析步骤

①数据标准化

首先需要对原始数据进行标准化处理，使不同量纲的指标可以比较。这里采用标准化方法是极差标准化。在进行了偏移最小值以避免后续除以 0 问题后，因为都是正数，所以使用的是 min-max 标准化方法。min-max 标准化方法（也称为最小—最大规范化或归一化）是一种线性缩放技术，用于将数据按比例缩放到一个特定的范围（此处范围是 0–1）。

$$X_{noem} = \frac{X - X_{min}}{X_{max} - X_{min} + epsilon}$$

X 是原始数据值，Xmin 是数据集中的最小值，Xmax 是数据集中的最大值，epsilon 是一个极小值，Xnorm 是标准化后的值，其范围在 0 到 1 之间。

运算公式：

x'{ij} = \frac{x{ij} – \min_i(x_j)}{\max_i(x_j) – \min_i(x_j)}

xij 是原始数据矩阵中第 i 个样本，第 j 个特征的值，xij′ 是归一化后的值，mini (xj) 是第 j 个特征在所有样本中的最小值，maxi (xj) 是第 j 个特征在所有样本中的最大值。

②计算指标比重

对每个指标，计算其在该指标总和中的比重：

$p_{ij} = \frac{x'_{ij}}{\sum_{k=1}^{n} x'_{kj}}$ (i = 1，2，…，m; j = 1，2，…，n)

其中 n 是样本总数。

③替换非常小的值

因为原始数据中便有 0 的数据，为避免除以零的错误所以进行了替换非常小的值这一步

$p_{ij} \leftarrow \frac{p_{ij} + \epsilon'}{\sum_{k=1}^{n} (p_{kj} + \epsilon')}$

epsilon' 是一个很小的正数

④计算信息熵

对每个指标 j，计算其信息熵：

ej = −k * Σ(pij * ln(pij)) (j = 1，2，…，n)

其中 k = 1/ln(m)，是一个常数。

⑤计算信息效用值、计算权重

信息效用值：dj = 1 − ej 它表示了第 j 个特征提供的有用信息量。

权重值：wj = dj / Σdj

⑥计算综合评价值

最后，计算每个评价对象的综合得分：

Si = Σ(wj * xij')

（3）PYTHON 源代码

第一步：赋权

```
import pandas as pd
import numpy as np
def entropy_weight(data， epsilon=1e-12):
# 标准化数据
data_shifted = data − data.min()  # 偏移最小值以避免后续对数运算中的零值
data_normalized = data_shifted / (data.max() − data.min() + epsilon) # 加 epsilon 防
```

止除以零

```
# 计算比重（注意：这里使用偏移后的数据以确保所有值都是正的）
p = data_normalized / data_normalized.sum(axis=0)
# 替换非常小的值以避免在计算对数时出错
p = p.apply(lambda x: x.replace(0, epsilon) / x.sum(), axis=0)
# 计算熵值
e = -np.sum(p * np.log(p), axis=0) / np.log(len(data))
# 计算信息效用值
d = 1 - e
# 计算权重
weights = d / d.sum()
return weights
# 读取 Excel 文件
file_name = '图书影响力分析指标总表.xlsx'
df = pd.read_excel(file_name)
# 选择你想要计算权重的列
data = df[['图书馆数量', '被引总频次', '博硕士论文引用数', '社会网络关注人次']]
# 调用函数计算权重
weights = entropy_weight(data)
# 打印权重
print("权重为：", weights.to_dict()) # 将 Series 转换为字典
```

运行结果：

权重为：{'图书馆数量': 0.15114176800944773, '被引总频次': 0.3835448539624505, '博硕士论文引用数': 0.2151731027851018, '社会网络关注人次': 0.250140275243}

第二步：计算结果

```
import pandas as pd
```

```
# 显示所有
pd.set_option('display.max_rows', None)
# Excel 文件名 .py 在同一文件夹中
excel_file_path = ' 图书影响力分析指标总表 .xlsx'
# 读取 Excel 文件
df = pd.read_excel(excel_file_path)
# 赋予权重
weights = {'图书馆数量':0.15114176800944773,'被引总频次':0.3835448539624505,
'博硕士论文引用数':0.21517310278510187,'社会网络关注人次':0.250140275243}
# 计算综合得分
df[' 综合得分 '] = (df[' 图书馆数量 '] * weights[' 图书馆数量 ']) + \
(df[' 被引总频次 '] * weights[' 被引总频次 ']) + \
(df[' 博硕士论文引用数 '] * weights[' 博硕士论文引用数 ']) + \
(df[' 社会网络关注人次 '] * weights[' 社会网络关注人次 '])
# 根据综合得分排序
df_sorted = df.sort_values(by=' 综合得分 ', ascending=False)
# 创建排名列
df_sorted[' 真 实 排 名 '] = df_sorted[' 综 合 得 分 '].rank(method='min', ascending=False).astype(int)
# 打印包含书名 . 综合得分 . 真实排名的列
print(df_sorted[[' 书名 ', ' 综合得分 ', ' 真实排名 ']])
```

运行结果（示例）：

行结果（示例）：

	书名	综合得分	真实排名
86	非物质文化遗产概论	1442.857679	1
87	非物质文化遗产概论	829.829622	2
49	非物质文化遗产保护理论与方法	382.261605	3

106	非物质文化遗产学	339.705123	4
54	非物质文化遗产保护研究	243.947422	5
109	非物质文化遗产学论集	216.242293	6
38	非物质文化遗产	214.895739	7
321	中国非物质文化遗产百科全书	189.138184	8
60	非物质文化遗产保护与田野工作方法	176.648757	9
268	文化人类学与非物质文化遗产	139.069035	10
53	非物质文化遗产保护问题研究	138.807062	11
101	非物质文化遗产数字化研究	134.585959	12
21	传统村落与非物质文化遗产保护研究	126.700917	13
324	中国非物质文化遗产保护论坛论文集	126.208352	14
247	世界非物质文化遗产	121.170989	15
78	非物质文化遗产的知识产权保护	118.910301	16
325	中国非物质文化遗产保护十年	114.113089	17
322	中国非物质文化遗产保护法律机制研究	113.801149	18
40	非物质文化遗产	110.187993	19
66	非物质文化遗产传承研究	106.286466	20

……

3. 综合量化评价排名

表13　客观量化综合评价一览表

书名	总分	作者
非物质文化遗产概论（文化艺术出版社）	1380.02	王文章
非物质文化遗产概论（教育科学出版社）	793.82	王文章
非物质文化遗产保护理论与方法	374.08	乌丙安
非物质文化遗产学	326.79	苑利．顾军
非物质文化遗产保护研究	242.90	宋俊华．王开桃

续表

书名	总分	作者
非物质文化遗产学论集	212.31	陶立璠.樱井龙彦
非物质文化遗产	210.41	刘锡诚
中国非物质文化遗产百科全书	189.89	冯骥才
非物质文化遗产保护与田野工作方法	173.80	王文章
非物质文化遗产保护问题研究	138.95	中国社会科学院知识产权中心
文化人类学与非物质文化遗产	136.84	麻国庆.朱伟
非物质文化遗产数字化研究	131.45	杨红
传统村落与非物质文化遗产保护研究	126.78	汪欣
中国非物质文化遗产保护论坛论文集	125.20	王文章
世界非物质文化遗产	120.05	向云驹
非物质文化遗产的知识产权保护	115.78	李秀娜
中国非物质文化遗产保护十年	115.16	汪欣
中国非物质文化遗产保护法律机制研究	111.57	王鹤云.高绍安
非物质文化遗产	110.57	杨红
非物质文化遗产传承研究	104.07	张仲谋
新形势下中国非物质文化遗产保护与传承关键性问题研究	102.40	鲁春晓
非物质文化遗产概论	101.05	牟延林
非物质文化遗产保护国际法制研究	98.20	李墨丝
非物质文化遗产保护领域社会力量研究	96.54	张兆林.齐如林.束华娜
中国羌族非物质文化遗产概论	91.14	贾银忠
萨满艺术非物质文化遗产研究	90.31	陈佳
都市发展与非物质文化遗产传承	89.63	姚朝文.袁瑾
非物质文化遗产数字化应用与教育化传承研究	85.66	刘正宏
解读非物质文化遗产	81.88	向云驹
非物质文化遗产旅游开发	79.98	欧阳正宇.彭睿娟

续表

书名	总分	作者
"文化自觉"视野中的"非遗"保护	79.82	方李莉
遗产·空间·新制序	77.60	王巨山
贵州少数民族非物质文化遗产传承人保护研究	73.19	陈静梅
音乐类非物质文化遗产保护的理论与实践	72.55	田青
非物质文化遗产的法律保护	72.05	杨明
黔湘桂侗族非物质文化遗产跨区域保护和传承研究	69.19	曾梦宇.胡艳丽
我国非物质文化遗产行政法保护研究	68.53	高轩
中国的世界非物质文化遗产	65.34	于海广
中国非物质文化遗产保护机制研究	64.74	叶鹏
抢救保护非物质文化遗产	64.14	郝苏民.文化
少数民族非物质文化遗产教育传承研究	61.94	普丽春
非物质文化遗产保护模式创新实证研究	60.81	朱祥贵
摩梭非物质文化遗产研究	60.26	李锦
国外非物质文化遗产保护的经验与启示	60.07	曹德明
民间非物质文化的大学传承	59.46	刘慧群
非物质文化遗产视野下的民俗艺术与宗教艺术	59.38	黄泽
非物质文化遗产概论	57.60	王巨山
少数民族非物质文化遗产研究	57.45	安学斌
音乐类非物质文化遗产保护概论	57.14	李爱真.吴跃华
非物质文化遗产与艺术人类学	56.59	中国艺术人类学学会
土家族非物质文化遗产研究	56.52	谭志国
云南民族口传非物质文化遗产总目提要	56.42	普学旺
体育非物质文化遗产保护的路径研究	56.12	刘洋
中国少数民族非物质文化遗产法律保护基本问题研究	55.39	韩小兵
越地非物质文化遗产综论	55.21	仲富兰.何华湘
非物质文化遗产与历史变迁中的地方社会	54.55	马莉
我国非物质文化遗产的法律保护研究	53.22	赵方

续表

书名	总分	作者
AR 技术与非物质文化遗产数字化开发	52.38	余日季
非物质文化景观旅游规划设计理论与实践	52.16	廖嵘
非物质文化遗产的法律保护体系	52.05	刘红婴
非物质文化遗产精要	51.05	段宝林
政策视野中的少数民族非物质文化遗产	50.86	赵学义.关凯
土家族非物质文化的教育保护与传承研究	50.45	谭志松
非物质文化遗产纵横谈	50.28	北京市文化局社文处.北京群众艺术馆.北京市西城区文化馆
知识经济与视觉文化视野下的非物质文化遗产保护与开发	49.72	白慧颖
土家族非物质文化遗产的学校教育传承模式研究	49.20	郑娅.池永文
非物质文化遗产与民间美术研究文集	48.90	乔晓光
中国非物质文化遗产保护研究	48.55	文化部民族民间文艺发展中心
非物质文化遗产私权保护理论与实务研究	48.27	董新中
闽台农业非遗开发与文化产权分析	47.56	刘芝凤
民间叙事与非物质文化遗产	46.97	林继富
汉江流域非物质文化遗产保护性旅游开发研究	46.67	朱运海
非物质文化遗产法律保护研究	46.17	张洁
走近非遗	44.80	聂羽彤
非物质文化遗产保护与民间文学	44.78	刘守华
舟曲非物质文化遗产保护研究	44.73	闵文义
关中非物质文化遗产研究	44.58	隋丽娜
民族自治地方少数民族非物质文化遗产的法律保护研究	43.80	包桂荣
非物质文化遗产的旅游生产性场域研究	43.77	马振
"非遗"视野下的湖南地方传统音乐文化研究	43.75	李虹
非物质文化遗产的影像记录与呈现	43.49	娜嘉.瓦伦丁希奇.弗兰
少数民族非物质文化遗产研究	43.44	祁庆富.史晖

续表

书名	总分	作者
场域视角下文化生态保护区建设研究	42.44	邓小艳
中国非遗保护启示录	41.82	苑利.顾军
非物质文化遗产的传播研究	41.74	何华湘
舟曲非物质文化遗产保护研究	41.25	闵文义
贵州非物质文化遗产研究	41.09	申茂平
非物质文化遗产的创意价值研究	41.00	汪广松
武陵地区非物质文化遗产及其文献集成	40.94	胡萍.蔡清万
文化创意和非遗保护	40.84	马知遥.孙锐
西安非物质文化遗产研究	40.54	王晓如
中国非物质文化遗产资源图谱研究	40.40	蔡丰明
中国非物质文化的非常态研究	40.35	许响洪
吕梁市非物质文化遗产荟萃	39.97	杜旭华
河南非物质文化遗产传承与产业化研究	39.92	汪振军
少数民族非物质文化遗产法律保护研究	39.83	才让塔
荆楚国家级非物质文化遗产	39.82	左尚鸿.张友云
回归生活	39.74	陈勤建
UNESCO《保护非物质文化遗产公约》述论	39.65	钱永平
云南国家级非物质文化遗产保护的理论与方法	39.55	安学斌
非物质文化遗产保护研究文集	39.38	李荣启
云南少数民族非物质文化遗产保护与开发研究	39.30	张魏
西部非物质文化遗产对外交流研究	38.09	李锐
西北少数民族非物质文化遗产概览	38.03	王雪.郑艳.王瑞华
非物质文化遗产传承与艺术人类学研究	37.48	中国艺术人类学学会.内蒙古大学艺术学院
音乐类非物质文化遗产保护国际学术研讨会论文集	37.23	田青.秦序
非物质文化遗产产业化法律规制研究	35.80	刘云升.刘忠平
非物质文化遗产旅游化生存模式及风险研究	35.38	李烨
非物质文化遗产数字化保护与传播研究	35.14	彭冬梅

续表

书名	总分	作者
台州非物质文化遗产通俗读本	35.01	汪小倩
非物质文化遗产数字化研究	34.39	夏三鳌
非物质文化遗产濒危评价及数字化保护研究	34.04	卢杰.李昱.项佳佳
非物质文化遗产科学保护论	33.94	李荣启
江苏省国家级第二批非物质文化遗产要览	33.56	王世华
非物质文化遗产数字化	33.54	王历
非物质文化遗产保护国际学术研讨会（2004）论文集	32.79	王文章
湖南非物质文化遗产	32.54	湖南省文化厅
体育类非物质文化遗产研究	32.20	杨柳
非物质文化遗产导论	31.40	覃业银.张红专
走进福州非遗	30.47	池小霞
贵州非物质文化遗产保护与产业开发研究	29.80	曾芸
非遗保护与湖南花鼓戏研究	29.48	朱咏北
站在民众的立场上	29.40	朝戈金
非物质文化遗产保护国际学术研讨会论文集	29.11	王文章
非物质文化遗产与民俗	29.06	徐华龙
非物质文化遗产旅游开发的理论与实践	29.05	阚如良
甘肃非物质文化遗产概论	28.99	徐凤
非遗保护与桑植民歌研究	28.42	杨和平
非遗保护视域中的台州乱弹研究	28.40	王小天
现代化进程中的非物质文化遗产和保护	27.94	王燕
人类非物质文化遗产代表作	27.72	邹启山
淮海地区非物质文化遗产概论	27.19	张新科
重振手工 激活民俗	27.17	吕品田
壮剧艺术与非物质文化遗产保护	27.06	廖明君
非遗保护与常德丝弦研究	26.65	吴春福
汉绣与非物质文化遗产保护论文集	26.46	冯泽民

续表

书名	总分	作者
中国少数民族非物质文化遗产调查研究	26.31	色音
四川民族地区国家级非物质文化遗产	25.88	何永斌
非物质文化遗产文化品牌研究	25.23	刘永明
少数民族非物质文化遗产活态传承研究	24.96	曾梦宇.胡艳丽
少数民族非物质文化遗传承人法律保护研究	24.51	田艳
中国非物质文化遗产	24.44	叶春生
广东传统非物质文化	24.41	徐燕琳
江苏省第一批国家级非物质文化遗产要览	24.27	王慧芬
泉州非物质文化遗产大观	24.15	林育毅.谢万智
造型类非物质文化遗产概论	24.01	张昕
中国纺织类非物质文化遗产概论	23.91	赵宏.曹明福
体验非遗	23.83	尚连山
国际法视野下非物质文化遗产保护问题研究	23.37	唐海清
口述史视野下的贵州省音乐非物质文化遗产传承人及其音乐研究	23.14	王建朝.单晓杰
非物质文化遗产保护的理论与实践	23.11	林青
非物质文化遗产资源图谱编制理论与方法	22.93	蔡丰明
文创理念与非物质文化遗产传承及发展	22.30	黄晓洲
新疆非物质文化遗产代表作	21.65	新疆维吾尔自治区文化厅
非物质文化遗产研究集刊	21.32	陈华文
鲜活的社会记忆	21.15	滕春娥.王萍
体育非物质文化遗产的反思与重建	20.70	万义
少数民族非物质文化遗产的法律保护研究	20.69	谭东丽
非物质文化遗产学术精粹	20.14	彭牧
非物质文化遗产旅游开发系统的动态仿真研究	20.04	张魏
宁波非物质文化遗产创意产业化研究	19.96	陈万怀
中国的非物质文化遗产	19.92	《中国的非物质文化遗产》编写组
青海文化	19.78	才让措

续表

书名	总分	作者
江苏百种非遗	19.31	李昕
河北省民族传统体育非物质文化遗产保护与传承研究	19.26	王海军
非遗保护与湘昆研究	19.23	吴春福
扬州首批非物质文化遗产概览	19.02	陆苏华
西藏非物质文化遗产传承人口述实录	18.80	张蕊
非遗保护与辰州傩戏研究	18.68	池瑾璟
"非遗"保护视野下的山东梆子研究	18.32	张文明
南京非物质文化遗产集萃	18.12	《南京非物质文化遗产集萃》编委会
天柱县非物质文化遗产宝库	17.99	秦秀强
藏区非物质文化遗产的法制保护	17.90	安静
非遗保护与澧水船工号子研究	17.63	昊远华
蒙古史诗的非物质文化价值研究	17.60	关金花
非物质文化遗产研究集刊	17.43	浙江师范大学浙江省非物质文化遗产研究基地
非遗文化形态学	17.35	王福州
非物质文化遗产概论	16.94	陈淑姣
湖南非物质文化遗产知识产权保护研究	16.59	何炼红
传统医药非物质文化遗产保护理论与实践	16.13	王凤兰等
岭南非物质文化遗产保护研究	16.06	雷莹
非物质文化遗产旅游发展战略研究	16.02	石美玉
安徽省非物质文化遗产乡土读本	15.95	安徽省非物质文化遗产保护中心
非物质文化遗产保护与开发的经济学分析	15.84	王松华
泉州非物质文化遗产保护60年	15.72	龚万全
彝族非物质文化遗产研究	15.53	王俊
东北非物质文化遗产丛书	15.45	刘铁梁.王凯旋
鼓车道	15.42	王若光
国家非物质文化遗产薅草锣鼓	15.31	左尚鸿

续表

书名	总分	作者
非遗视域下万载"开口傩"音乐文化研究	15.17	聂萌慧
中国非物质文化遗产	14.94	张庆善
花腰傣服饰艺术与非物质文化遗产保护	14.93	李永祥
合川非物质文化遗产概览	14.74	胡中华
云南省少数民族体育非物质文化遗产保护与传承研究	14.50	刘坚
中国海洋非物质文化遗产十六讲	14.33	倪浓水
新疆非物质文化遗产集锦	14.31	《新疆非物质文化遗产集锦》编委会
论非物质文化遗产保护	14.08	王文章
非物质文化遗产保护与文化产业发展	14.08	李昕
中国经验	14.07	乔晓光.陈明潞
少数民族非物质文化遗产的知识产权保护模式研究	13.83	穆伯祥
手工开悟	13.57	杨慧子
"后非遗"时代与生态中国之路的思考	13.56	方李莉
非物质文化遗产与文化创意产业融合发展实践	13.35	陈思琦.李佳.李雨竹
国际唐卡艺术及非物质文化遗产保护青海论坛论文集	13.11	王能宪.曹萍
首都非物质文化遗产保护	13.06	北京文化论坛文集编委会
桂滇黔少数民族特色村寨体育非物质文化遗产活态传承研究	13.04	陈炜.文冬妮
非物质文化遗产保护	12.93	戚浩飞
文化对话	12.60	宋俊华.比尔·艾伟.黄永林
"非遗"保护前沿问题研究	12.52	马知遥.张加万.潘刚
非遗保护与靖州苗族歌鼟研究	12.48	杨和平
非物质文化遗产知识读本	12.31	王丕琢.张士闪
山东省级非物质文化遗产普及读本	12.27	山东省文化厅
盘县非物质文化遗产描述与研究	11.75	《盘县文物与风情丛书》编委会
黔东南非物质文化遗产集锦	11.34	王平
拾遗稿缄	11.31	吴露生

续表

书名	总分	作者
非遗传承研究	11.17	陆建非
非物质文化遗产保护与国民价值观培育研究	10.93	魏崇周
玉溪市非物质文化遗产丛书	10.70	玉溪市文化局
依托村寨保护少数民族非物质文化遗产研究	10.58	张卫民
非物质文化遗产柳琴戏的保护与教育传承	10.43	李爱真
湛江非物质文化遗产	10.01	邓碧泉
云南少数民族非物质文化遗产研究	9.76	赵学先
山西古村镇民俗与非物质文化遗产调查研究	9.55	段友文
天祝非物质文化遗产	9.51	李占忠
非遗语境下的戏曲研究	9.45	刘文峰
联合国及相关国家的遗产体系	8.92	彭兆荣
云南省首届非物质文化遗产学术研讨会论文集	8.80	白玉宝
黔东南非物质文化遗产集锦	8.74	黔东南苗族侗族自治州文化局
重庆民族地区非物质文化遗产研究	8.72	李良品.彭福荣.余继平
非物质文化遗产保护法	8.60	齐爱民.赵敏.齐强军
东莞市非物质文化遗产	8.53	何环珠
中国彝族非物质文化遗产概论	8.07	施强.谭振华
非物质文化遗产讲座	7.92	张庆善
古堰画乡非遗保护与旅游开发	7.80	田中娟
非物质文化遗产学教程	7.76	黄永林.肖远平
潮州市非物质文化遗产通览	7.72	陈向军
张家港市非物质文化遗产要览	7.71	陈世海
非物质文化遗产保护与戏曲流派传承	7.46	郑长铃.蔡萌芽
广西非物质文化遗产精粹	7.45	陈映红

续表

书名	总分	作者
非物质文化遗产概论	7.43	柯小杰.童光庆
凉山彝族毕摩文化的非物质文化遗产性及法律保护机制研究	7.13	谢世廉
产业集聚视角下的非物质文化遗产旅游发展模式	6.99	朱德亮
中国非物质文化遗产	6.89	郭沫勤.孙若风
行政法视野下非物质文化遗产保护研究	6.79	魏磊
东北三江流域非物质文化遗产	6.67	王福安
武陵山片区非物质文化遗产保护与旅游利用	6.42	姚小云.刘水良
甘肃非物质文化遗产挖掘与保护	6.32	李俊霞
商洛非物质文化遗产研究	6.29	王思怀
非物质文化遗产档案资源建设"群体智慧模式"研究	6.13	周耀林
南京市江宁区非物质文化遗产荟萃	6.12	南京市江宁区文化局
非物质文化遗产档案管理体系研究	6.10	徐拥军
喀什非物质文化遗产代表作	5.84	喀什地区文体局
台江非物质文化遗产	5.79	熊克武
临汾非遗	5.61	张行健.高树德
非物质文化遗产保护的湖南本土经验与探索	5.50	田茂军
河北省非物质文化遗产项目价值与存续环境研究	5.43	彭卫国
大连市非物质文化遗产概观	5.20	秦岭
兴义非物质文化遗产	5.18	兴义市文化体育旅游和广播电影电视局
"第二届中国非物质文化遗产保护·苏州论坛"论文集	5.18	张庆善.郑长铃
湖北非物质文化遗产保护现状调查	5.14	周耀林
新疆非物质文化遗产百问	5.13	楼望皓.马迎胜.姜新建
陕西省非物质文化遗产高峰论坛论文集	4.93	陕西省非物质文化遗产保护中心
国家级非物质文化遗产高密民艺四宝	4.62	万丽
锦州市非物质文化遗产概览	4.56	李侠
土家族非物质文化遗产研究	4.55	黄柏权.田永红
新疆非物质文化遗产的法律保护	4.54	赵虎敬

续表

书名	总分	作者
非物质文化遗产法概要	4.53	河山.肖水
泉州市非物质文化遗产大观	4.48	泉州市文化局.泉州新海路闽南文化保护中心
北海非物质文化遗产荟萃	4.47	谢振红
孝义非物质文化遗产专辑	4.42	政协孝义市委员会
辽宁非物质文化遗产解读	4.28	于荣全.李亚冰
酒泉非物质文化遗产	4.22	贾其全
中国少数民族非物质文化遗产传承发展研究	4.18	王丹
嵊州市非物质文化遗产大观	4.06	夏春燕
非物质文化遗产与当代文化建设	4.05	张仲谋
杭州市非物质文化遗产大观	4.00	何平
深圳市第一批市级非物质文化遗产名录	3.98	深圳市文化局.深圳市非物质文化遗产保护中心
海南省少数民族非物质文化遗产论坛文集	3.96	王建成
四川非物质文化遗产民间文学艺术集录	3.93	李渊强
迪庆藏族自治州非物质文化遗产资料集萃	3.89	迪庆藏族自治州文化馆.迪庆藏族自治州非物质文化保护中心
井陉非物质文化遗产	3.87	马佶.柳敏和.张树林
汕头市非物质文化遗产大观	3.60	汕头市非物质文化遗产保护中心
"非遗"资源的商品化传承与保护	3.56	曲彦斌.张涛
新疆塔城非物质文化遗产代表作丛书	3.54	张福钰编
河南非物质文化遗产报告	3.46	王日新
常州国家级非物质文化遗产概览	3.41	胡学琦
都江堰市非物质文化遗产概览	3.38	蒋永志.黄莉
德昂族非物质文化遗产保护与民族村寨旅游	3.36	周灿
乌江流域非物质文化	3.35	戴伟.李良品.丁世忠
青城古镇非物质文化遗产概览	3.18	陶明东.柴银萍
非遗保护与研究	3.06	孙桂林
宁夏非物质文化遗产研究	2.99	武宇林.靳宗伟.雷侃

续表

书名	总分	作者
传统守望	2.97	邓尧
山东省非物质文化遗产精萃	2.94	李宗伟
济宁非物质文化遗产集粹	2.86	济宁市文化局
青少年非物质文化遗产教育	2.75	汪琪．李洁
武陵地区非物质文化遗产传承人发展困境及对策研究	2.72	余继平
德清县非物质文化遗产大观	2.66	德清县文化广电新闻出版局
邯郸非物质文化遗产辑粹	2.64	刘裕民
我国世界遗产地民族传统体育	2.56	黄义军
身边的非物质文化遗产	2.54	郑宏尖
扬州民间美术类非物质文化遗产研究	2.43	王莲．王秀
国家非物质文化遗产·汉调桄桄	2.42	张昌文
非物质文化遗产学教程	2.35	苑利
当阳非物质文化遗产集萃	2.35	杨亚平
中山市非物质文化遗产	2.31	郑集思
当戏曲成为"非遗"	2.29	沈勇
泉州非物质文化遗产资源实录	2.22	泉州市文化广电新闻出版局
东南亚非物质文化遗产研究	2.13	王红
荆楚百件非物质文化遗产	2.13	周至．吴艳荣
迪庆藏族自治州非物质文化遗产资料集萃	2.13	迪庆藏族自治州文化馆．迪庆藏族自治州非物质文化保护中心
集粹·承德非物质文化遗产	2.05	郑晓东．高思文．孔令春
内蒙古自治区第一批自治区级非物质文化遗产名录图文集	1.95	乔玉光．额尔敦毕力格
绍兴市非物质文化遗产读本	1.91	绍兴市文化广播电视新闻出版局
传承与发展	1.91	徐艺乙

续表

书名	总分	作者
常州市非物质文化遗产集萃	1.83	许建荣.沈红球
山东非物质文化遗产研究	1.80	仝晰纲
甘肃非物质文化遗产	1.76	王万平
人类非物质文化遗产	1.76	中华妈祖文化交流协会.莆田市人大教科文卫委员会.湄洲妈祖祖庙董事会.中华妈祖文化研究院
非遗教育研究	1.76	钟朝芳
中国哈萨克族非物质文化遗产研究	1.68	库兰·尼合买提
周口非物质文化遗产概谈	1.68	徐程
北京传统技艺类非物质文化遗产旅游活化与消费者参与研究	1.68	石美玉
江苏省非物质文化遗产保护优秀论文集	1.57	吴晓林
沈阳非物质文化遗产普查文集	1.49	房伟
四川非物质文化遗产保护与开发研究	1.46	赵丽丽.南剑飞
辽宁非物质文化遗产保护研究	1.32	戚永哲
罗江县非物质文化遗产集成	1.26	赖安海.曾家华
北京市非物质文化遗产项目论证报告集	1.17	石振怀
非物质文化遗产保护视野下的禹州钧瓷技艺传承研究	1.11	谢一菡
非物质文化遗产传承与保护	1.10	龚珍旭.童光庆
黄冈市非物质文化遗产精粹	1.10	张晓林
非物质文化遗产学	1.10	王肃元
淮安非物质文化遗产通览	0.95	淮安市文化广电新闻出版总局
北海市非物质文化遗产荟萃	0.95	李勇
淮安非物质文化遗产通览	0.95	淮安市文化广电新闻出版局
吕梁非物质文化遗产荟萃	0.95	孙晋军
非遗保护与湘剧研究	0.95	吴远华
中原非物质文化遗产产业化的法律调控研究	0.95	李芳芳

（二）非遗学术论文分析

1. 2005—2023 学术论文发表概况

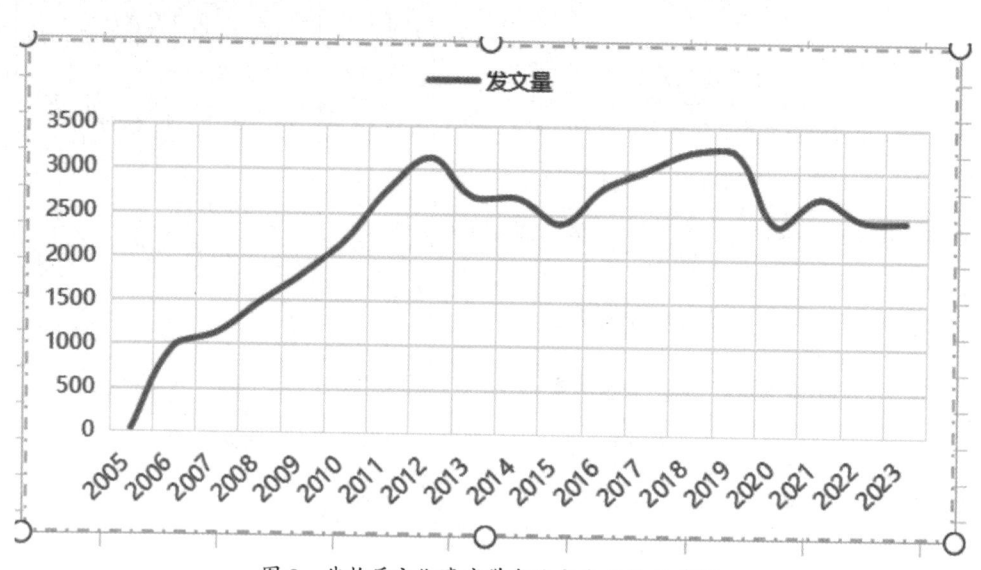

图 8　非物质文化遗产学术论文发文量趋势图

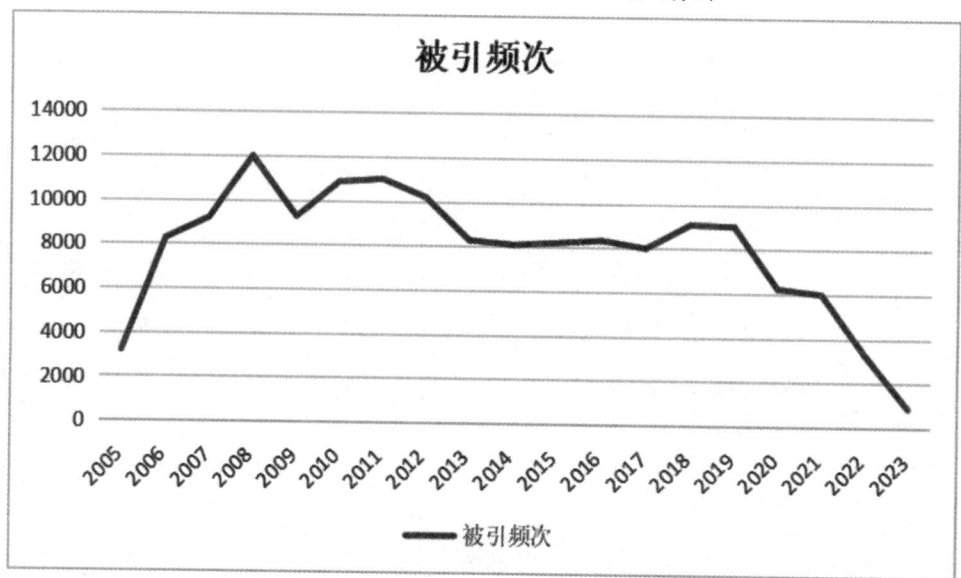

图 9　非物质文化遗产学术论文被引频次趋势图

2005年至2023年，国内从事非遗相关研究的学者达11580人，发表论文总量45215篇，学术论文总被引频次达到158001次，各级各类研究机构达34704个。非遗学俨然是一个向着显学方向发展的学科。

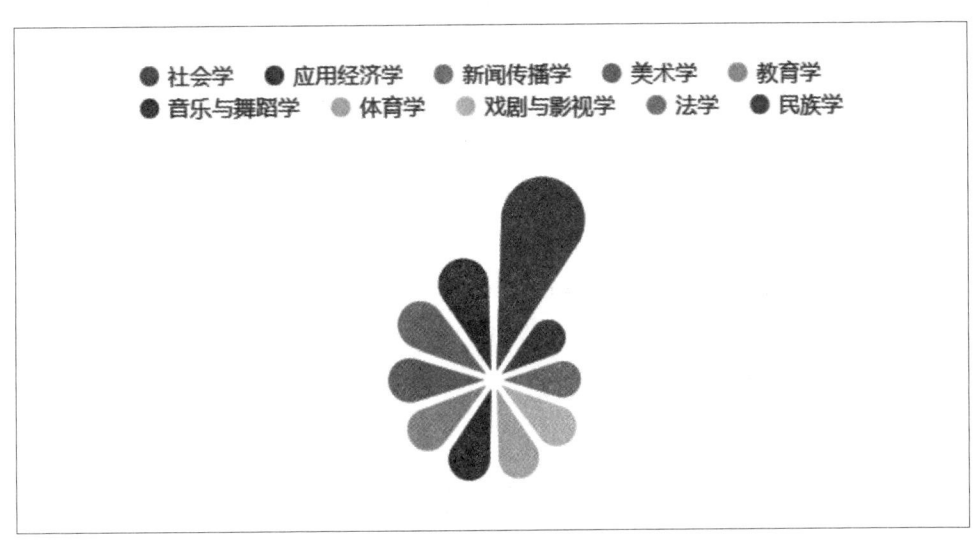

图 10　非物质文化遗产学术论文学科分布图

从图中我们可以看到被引频次有两个高峰，一个是2008年左右，一个是2019年左右。对比图4（年度引用总频次趋势图）只有2006-2008的引用高峰段，说明图书的引用滞后于期刊论文。因为载体出版周期和传播渠道的原因，图书的传播速度要慢于论文。但并不意味着图书的传播范围比论文狭窄，在这里事实刚好相反，图书的传播范围一般比论文要广（后面我们会分析这个问题），一方面是由于图书的半衰期更长，另一方面是非遗学总的来讲是人文社会科学，图书可能更受欢迎，因为它们能够提供更全面深入的文化知识和社会分析。

在论文表现上，非遗学交叉学科依次是：社会学、应用经济学、新闻传播学、美术学、教育学、音乐与舞蹈学、体育学、戏剧与影视学、法学、民族学。人类学和民俗学都是社会学下的二级学科，非遗学与人类学在研究对象上有相似性，特别是文化人类学的独特视角和方法论对非遗学理论体系的构建具有重要的启发意义和借鉴价值；非遗学与民俗学有相近的学术目标和相似的历史保护形式和社会认同基础，共同讨论和交叉研究有助于实现多种提升，民俗学与非遗理论在历史基础上有异同处和互补点，对政府公共政策、现代社会日常生活和跨文化交

Top 25 Keywords with the Strongest Citation Bursts

Keywords	Year	Strength	Begin	End	2003 – 2023
非物质遗产	2003	10.82	2003	2011	
文化遗产	2003	7.3	2003	2007	
联合国教科文组织	2003	7	2005	2008	
代表作	2003	5.8	2005	2008	
档案馆	2003	9.24	2006	2011	
图书馆	2003	7.61	2007	2011	
原生态	2003	5.75	2008	2010	
保护	2003	14.93	2009	2011	
新农村建设	2003	5.35	2011	2013	
合理利用	2003	5.22	2011	2014	
民间美术	2003	5.02	2013	2015	
茶文化	2003	7.83	2016	2017	
非遗档案	2003	5.62	2016	2018	
非遗项目	2003	4.93	2016	2018	
传统手工艺	2003	7.44	2017	2022	
非遗传承	2003	6.43	2017	2022	
非遗保护	2003	5.92	2017	2022	
数字化	2003	5.18	2017	2019	
乡村振兴	2003	19.05	2019	2022	
非遗	2003	9.5	2019	2022	
影响因素	2003	7.64	2019	2022	
活态传承	2003	7.47	2019	2022	
空间分布	2003	10.78	2020	2022	
文化自信	2003	6.34	2020	2022	
文化生态保护区	2003	5.78	2020	2022	

图 11 2003–2023 非物质文化遗产研究热词图 ①

---

① 高艳芳. 重审中国非物质文化遗产研究 20 年[J]. 理论月刊，2024(6):105–114.

流都有实际价值。非遗学与美术学在知识体系构建上必然会融合,因为它们的研究对象相同或相近。这种融合有助于更深入地探讨非遗在艺术领域的表现和影响。近年来非遗产业化保护热点研究使得非遗学与应用经济学的交叉增强,而相关学科建设和传承人培养又和教育学息息相关,所以非遗学是一个多学科交叉的领域,其具体的学科归属仍然是一个值得讨论的问题。

2003 年,非物质遗产热词诞生,大家开始研究这个新概念,紧接着是文化遗产、联合国教科文组织,要知道了解非遗就离不开文化遗产的研究基础和联合国教科文组织的一系列举措。2011 年到 2022 年,非物质文化遗产研究热词从茶文化到传统手工艺到数字化和活态传承、文化生态保护区,我国非物质文化保护工作经历了从抢救性保护到生产性保护,再到系统性保护的转变。

2. 学者、机构高被引排名前二十

表 14　高被引学者排名前二十

序号	学者	学者单位	相关发文量	被引总频次
1	马知遥	天津大学	50	571
2	苑利	中国艺术研究院	45	889
3	王云庆	山东大学	40	649
4	宋俊华	中山大学	37	1268
5	陈炜	桂林理工大学	28	298
6	顾军	北京联合大学	27	306
7	辛儒	河北大学	26	296
8	谭宏	重庆文理学院	24	687
9	黄永林	华中师范大学	24	1553
10	李荣启	中国艺术研究院	22	544
11	田青	中国艺术研究院	22	147
12	陈小蓉	深圳大学	21	466
13	周耀林	武汉大学	20	417
14	赖文蕾	武汉纺织大学	19	11
15	孙志国	湖北科技学院	18	137

续表

序号	学者	学者单位	相关发文量	被引总频次
16	林继富	中央民族大学	18	171
17	萧放	北京师范大学	18	516
18	谢中元	佛山科技学院	18	132
19	钱永平	晋中学院	18	99
20	叶洪光	武汉纺织大学	17	57

表15 高被引机构排名前二十

高被引机构	相关发文量	被引频次总量	篇均被引
中国艺术研究院	403	3767	9.35
华中师范大学	366	4589	12.54
中央民族大学	286	4092	14.31
中山大学	242	3394	14.02
山东大学	239	3767	15.76
吉首大学	228	2115	9.28
浙江师范大学	212	1685	7.95
湖南师范大学	175	1370	7.83
广西师范大学	170	870	5.12
中南民族大学	169	1401	8.29
河北大学	169	966	5.72
贵州大学	163	558	3.42
云南大学	162	1134	7.00
安徽大学	162	735	4.54
桂林理工大学	149	827	5.55
河南大学	147	872	5.93
北京师范大学	137	1717	12.53
重庆文理学院	136	1934	14.22
西藏民族大学	128	487	3.80
广西民族大学	117	524	4.48

中国艺术研究院、华中师范大学、中央民族大学、中山大学、山东大学、吉首大学、重庆文理学院和北京师范大学篇均被引排名靠前，证明这些机构论文产出质量高。

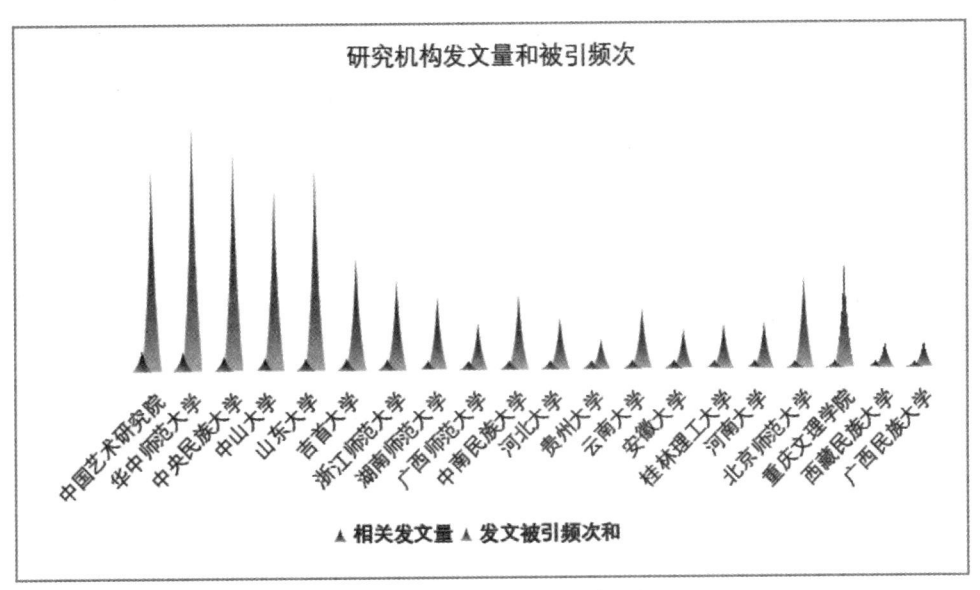

图 12　机构发文量和被引频次

3.非遗研究相关论文作者 H 指数排名

表 16　学术论文代表性学者及合作机构

姓名	H指数	核心发文量	论文总被引频次	篇均被引次数	研究关键词	主要合作者	主要合作机构
黄永林	26	99	3057	21.38	文化产业.文化生态.民俗学.民俗文化		华中师范大学
方李莉	26	66	2098	18.24	非遗.艺术人类学.人文资源.艺术民族志.民间艺术.人类学	王永健.费孝通	中国艺术研究院.北京大学.四川大学.浙江大学.东南大学
杨明	23	44	1451	23.34	知识产权.不正当竞争.著作权法.	毛腾敏.马治中.和岚.王辉	北京大学.中国人民大学.中科院研究生院
孙志国	22	120	1780	10.99	地理标志.知识产权.武陵地区.非遗		湖北科技学院

续表

姓名	H指数	核心发文量	论文总被引频次	篇均被引次数	研究关键词	主要合作者	主要合作机构
周耀林	21	134	1942	10.61	档案学.大数据.遗产保护.遗产档案		武汉大学
苑利	20	53	1703	15	非遗.文化遗产.学科建设	顾军	中国艺术研究院.北京联合大学.中国社科院
谭宏	18	47	1027	13	文化遗产保护.传统手工艺.生产性保护.非遗		重庆文旅学院
王云庆	17	60	1130	6.93	非遗.档案管理.传统村落.文献计量		山东大学
顾军	16	29	690	10	非遗.文化遗产.学科建设	苑利	北京联合大学
刘锡诚	16	37	1362	12.16	非遗.民间文学.民间文艺学		中国文学艺术界联合会.中国文联出版社
陈炜	16	70	1302	6.09	旅游开发.少数民族.体育文化		桂林理工大学
宋俊华	15	42	1419	18.43	非遗.传统戏剧.遗产保护.戏曲研究	孔庆夫.林斯瑜	中山大学.湛江师范学院.山东大学.中国艺术研究院
马知遥	15	31	792	7.07	非遗.古村落.传统村落.文化保护	刘智英.常国毅.刘垚瑶	天津大学.山东艺术学院.温州科技职业学院.陕西师范大学
辛儒	15	16	491	11.42	非遗.博物馆.旅游开发		河北大学
麻国庆	14	43	825	15	中华民族共同体.中华文明.社会转型.	蒙祥忠.刘美新.蔡晓梅.陶慧	中央民族大学.中山大学
普丽春	13	31	429	9.13	教育传承.中华民族共同体意识.少数民族.非遗	赵伦娜.姚梦春.费洋洋.子华明	云南民族大学.中央民族大学.中国人民大学.云南师范大学
李荣启	13	20	802	13.59	非遗.传统节日.生产性保护.艺术语言	陈亦水	中国艺术研究院.中国文化部.北京社科联

续表

姓名	H指数	核心发文量	论文总被引频次	篇均被引次数	研究关键词	主要合作者	主要合作机构
乔晓光	12	19	436	6.92	文化传统.活态文化.民间美术.非遗	裴诗赟.董永俊.马明新	中央美术学院
乌丙安	10	16	734	18.82	中国民俗学.民俗文化.神话学.非遗	吴效群.胡玉福	辽宁大学.中山大学.河南大学
王巨山	10	14	338	10.56	非遗.保护体系.保护原则.中国化	陈华文.夏晓晨.周跃群	浙江师范大学
高轩	10	27	272	7.78	法制化.非遗保护.行政法		暨南大学.广东省社科院
韩小兵	10	16	280	10.37	少数民族.法律保护.民族自治.少数民族非遗	喜饶尼玛	中央民族大学
张仲谋	9	37	275	3.53	非遗.台阁体.文献价值.唐宋词.学术史.古典文学	王靖懿.武楠楠	江苏师范大学.徐州师范大学
田青	9	33	346	4.87	非遗.传统文化.中国音乐.佛教音乐.传统音乐	黄俭	中国艺术研究院.中国非物质文化遗产保护中心.西安音乐学院
郝苏民	9	33	266	6.05	蒙古学.民族学.非遗.口头遗产.回族学	马忠才	西北民族大学.中国社科院民族文学研究所.中央民族大学.北京大学
牟延林	8	9	259	17.27	非遗.物质文化遗产.知识产权.	刘壮.王天祥	重庆文理学院.渝西学院.重庆文化遗产学院
向云驹	8	7	690	30	非遗.民间文化.文化空间	白庚胜	中国民间文艺家协会
张兆林	8	16	172	3.44	非遗.聊城木版年画.士人园林	束华娜	聊城大学
王文章	7	56	315	3.25	国际学术研讨会.中国艺术.非遗	陈飞龙	中国艺术研究院.中国非物质文化遗产保护中心.

续表

姓名	H指数	核心发文量	论文总被引频次	篇均被引次数	研究关键词	主要合作者	主要合作机构
李秀娜	7	13	100	5.88	非遗.知识产权.旅游服务.旅游经营.法律法规		北京联合大学.石家庄职业技术学院
贾银忠	6	15	96	3.84	旅游资源.少数民族.旅游文化.凉山彝语	安群英.贾兴元.庄万禄	西南民族大学.四川警察学院
汪欣	6	2	151	7.55	非遗.艺术人类学.艺术学.民俗学		中国艺术研究院.中国非物质文化遗产保护中心
安学斌	6	13	264	16.5	民族文化.民族院校.大理白族	刘廷哲.王顶明	云南民族大学
段宝林	6	18	150	1.44	民间文化.民间文学.民间文艺.民俗学		北京大学.云南师范大学.广西师范大学
胡萍	6	19	141	5.04	武陵地区.参考咨询.地方文献.历史回顾	蔡清万.李显春	湖北民族学院.湖北行政学院
李爱真	5	11	112	5.89	音乐教育.徐州琴书.柳琴戏.长袖舞.非遗	刘振	中国矿业大学
曹德明	5	9	252	16.8	国际化.外国语.外语教育	唐桂馨	上海外国语大学
叶春生	4	11	97	2	民间信仰.传统节日.龙母信仰		中山大学
钱永平	4	3	96	9.6	非遗.文化遗产保护.传统戏剧		中山大学
冯骥才	3	0	45	1	传统文化.民间文化	周立民	中国文学艺术界联合会.上海市作家协会
鲁春晓	3	3	40	4	文化产业.潍坊地区	方英.柳超球	潍坊学院
陶立璠	2	2	17	0.74	中国民俗学.民间文化.民间文学		中央民族大学
何华湘	2	1	157	22.43	民俗文化.传承人.非遗	仲富兰	华东师范大学

续表

姓名	H指数	核心发文量	论文总被引频次	篇均被引次数	研究关键词	主要合作者	主要合作机构
赖文蕾	2	3	15	0.65	名录整理.名录分析.丝织物		武汉纺织大学
汪广松	1	6	6	0.35	人物传记.古代		浙江万里学院

4. 论文学术影响力评价参考

（1）作者学术影响力

通过对图书综合评价量化指标排名和学术论文高被引作者分析的相互印证，我们可以确定已经有一批学者在非遗领域内研究较深，他们著作丰富、影响力较大。比如方李莉、杨明、周耀林、苑利、刘锡诚、普丽春、李荣启、乔晓光、乌丙安、王巨山、高轩、韩小兵、张仲谋、田青、牟延林、向云驹、王文章、李秀娜、贾银忠、汪欣、安学斌、段宝林、李爱真、曹德明、叶春生、钱永平、冯骥才、鲁春晓、何华湘、汪广松等。这些学者无论是在撰写论文方面还是在编制图书方面都有学术贡献。具体到每个学者擅长的研究方向和具体成果请参见本章第（二）大点代表性图书中对作者的介绍。

（2）内容主题分布聚类分析

使用VOSviewer软件对上表进行关键词聚类分析和合作研究机构聚类分析，可以发现围绕非遗主题，形成了6个主题聚类，分别是民间文化和民间文学，民俗学（含艺术人类学）和文化产业，非遗学科建设，非遗传统居住空间及知识产权，传统戏剧和文艺遗产，少数民族及旅游开发。而研究机构以中国艺术研究院、中山大学、中央民族大学、北京大学、山东大学、中国人民大学、中国非物质文化遗产保护中心等为主。

在非遗研究机构中，聚类显示中国艺术研究院和中国非物质文化遗产保护中心、西安音乐学院、中国文化部、北京社科联有密切合作关系；中国社科院和北京联合大学、石家庄职业技术学院等有合作关系；北京大学和中国人民大学、广

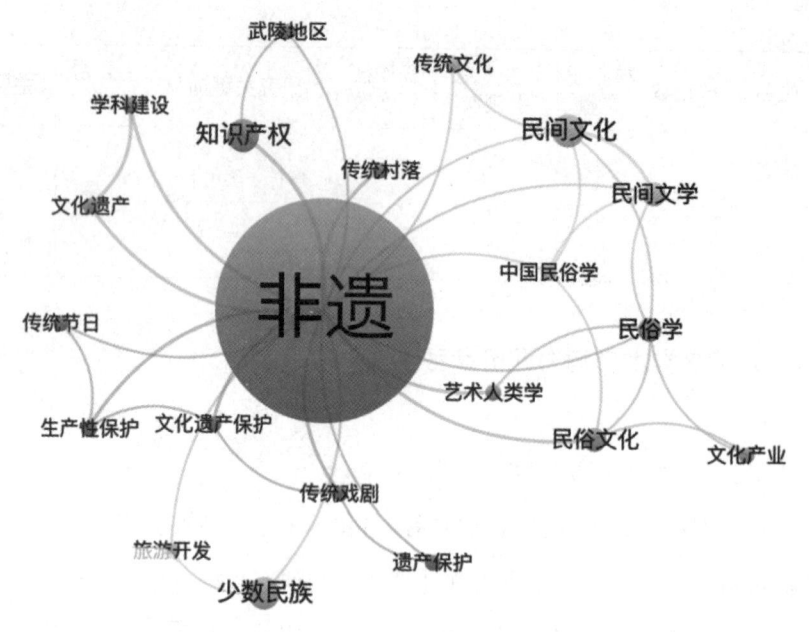

图13 高被引作者学术论文主题聚类分布图

西师范大学、中科院研究生院、云南民族大学有合作关系；中央民族大学则和西北民族大学、中国社科院民族文学研究所等单位形成聚类；中山大学和山东大学、辽宁大学、河南大学等单位有合作关系。

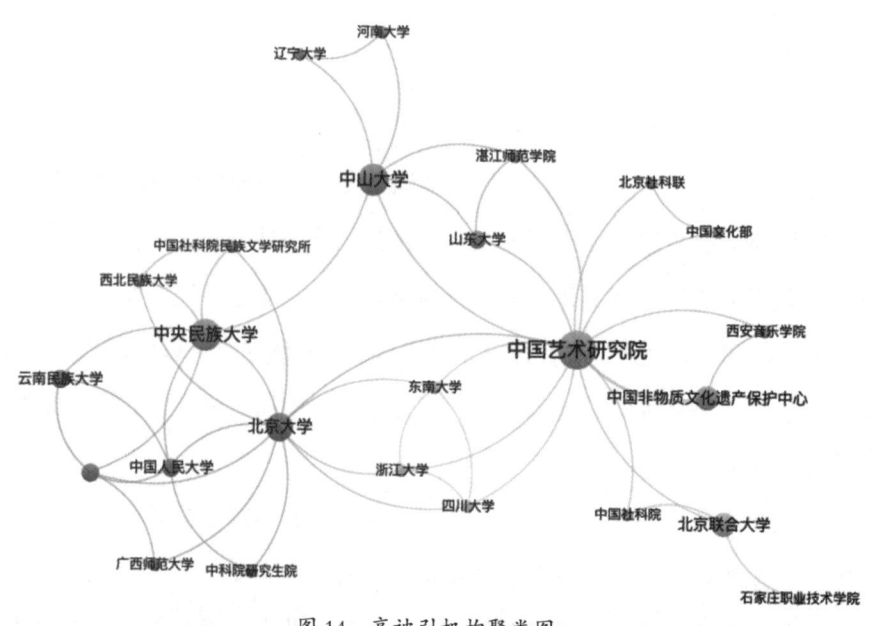

图14 高被引机构聚类图

第五章
非遗学图书综合评价

（一）非遗学术图书评价总结

1. 非遗学术图书内容

非物质文化遗产（非遗）学研究近年来在中国得到了显著的发展和重视，从出版的学术图书总体情况来看，其研究领域涵盖了理论探讨、保护实践、法律框架、学科建设、数字化技术等多个方面。非遗学研究不局限于单一学科，而是融合了社会学、民俗学、民族学、艺术史等多个学科的视角。非遗学的学科体系是一个前沿、交叉的学科体系，涉及教育与文化两大方面，并体现了这两个方面的结合。

非遗学的研究已经对非遗概念内涵的界定、分类及特征进行了深入探讨，确定了保护非物质文化遗产的历史进程与意义、保护非物质文化遗产的基本方法与原则等，这些理论问题的探讨为非遗学的发展奠定了坚实的基础。如王文章的《非物质文化遗产概论》，苑利、顾军的《非物质文化遗产学》，牟延林的《非物质文化遗产概论》，麻国庆、朱伟的《文化人类学与非物质文化遗产》，贾银忠的《中国少数民族非物质文化遗产教程》，张仲谋的《非物质文化遗产传承研究》等。

近年来，国内对非遗保护的立法和政策制定越来越完善。习近平总书记多次强调特色非遗的重要性，并提出"保护第一，传承优先"的原则。《中华人民共和国非物质文化遗产法》的颁布为非遗项目的调查申报、文化传承及传承人认定提供了法律依据。非遗学者也把法律层面的原则和保护作为研究主题。如李秀娜的《非物质文化遗产的知识产权保护》，王鹤云、高绍安的《中国非物质文化遗产保护法律机制研究》，赵方的《我国非物质文化遗产的法律保护研究》，杨明的《非物质文化遗产的法律保护》等。

非遗学不仅注重理论研究，还强调实践与应用。如乌丙安的《非物质文化遗产保护理论与方法》，王文章的《非物质文化遗产保护与田野工作方法》，宋俊华、王开桃的《非物质文化遗产保护研究》，刘锡诚的《非物质文化遗产：理论与实践》，方李莉的《"文化自觉"视野中的"非遗"保护》，汪欣的《传统村落与非物质文化遗产保护研究》等。非遗学致力于培养具备田野调查能力的专业人才，能够胜任非遗调查认定、传承保护、宣传推广等工作。

随着技术进步、乡村振兴需求提高和生产生活理念的变革，非遗特别是传统技艺、传统音乐、传统舞蹈、杂技与竞技、民间美术等，其表现形式和生产生活紧密联系，越来越多的地方开始将现代化的技术和管理、营销理念引入非遗实践，形成非遗产业化保护与传承创新手段，建立市场化、规模化的非遗产业，甚至产业链。李昕的《非物质文化遗产保护与文化产业发展》，白慧颖的《知识经济与视觉文化视野下的非物质文化遗产保护与开发》，朱德亮的《产业集聚视角下的非物质文化遗产旅游发展模式》，王松华的《非物质文化遗产保护与开发的经济学分析》，汪振军的《河南非物质文化遗产传承与产业化研究》，陈万怀的《宁波非物质文化遗产创意产业化研究》，曾芸的《贵州非物质文化遗产保护与产业开发研究》等著作都是围绕非遗产业化展开探索与讨论。

教育部在 2021 年正式将"非物质文化遗产保护"专业列入普通高等学校本科专业目录，标志着非遗学科建设进入了一个新的阶段。本书分析的许多非遗学术图书都成了大学教材并且为博硕士学位论文广泛引用。非遗学的学科体系是一个多维度、多层次的综合性学科体系，涵盖了基础理论、管理理论、跨学科融合、实践与应用等多个方面，并且在不断发展中逐步完善和深化。王文章《非物质文化遗产学概论》四个版本足以证明非遗学在发展中深化和完善。兰州文理学院和广西民族大学等高校已经开设了相关专业，并招收了首批本科生。此外，天津大学冯骥才文学艺术研究院设立了全国首个非物质文化遗产学交叉学科硕士学位授权点，进一步推动了非遗领域高层次人才培养，该研究院还牵头编撰非遗第一部百科全书。首都师范大学将非物质文化遗产作为文物与博物馆学的重要组成部分，探讨其历史、艺术、科学和社会价值。非遗学科应确立特定的学科方法来配合研究。例如，彭兆荣总结了博物民族志方法、非遗纲目谱系法、方志形态之法式、数字介入之方法、分析整合并行法和多证据考据之法。汪欣则在艺术人类学理论范式下搭建了非遗研究的理论方法。潘鲁生提出，文化遗产学的学术体系建设应突出学科交叉融合，通过高校、行业与文博机构合作，进行知识体系的重构，构建多元人才培养机制，强化文化遗产学的话语与应用体系。

数字化技术的发展为非遗保护和传播提供了新的机遇。研究表明，引入互联网、物联网等关键技术可以有效促进非遗的数字化保护。此外，AIVR 等技术也被用于建设数字化非遗博物馆，以适应数字时代的需求。如杨红的《非物质文化遗产数字化研究》，刘正宏的《非物质文化遗产数字化应用与教育化传承研究》，余日季的《AR 技术与非物质文化遗产数字化开发》等。

除了上述本书分析的各类非遗学术图书外，我们在收集整理图书获奖信息的时候意外发现许多非学术类图书和科普类图书具有更广为人知的社会影响力，其广泛传播，显示了非遗文化的魅力。这些普及类、手册类、参考工具类图书不仅成为人们实践的参考，还获得了国家出版基金的资助。如陕西人民教育出版社的《丝绸之路起点上的非遗文化（丛书）》、西藏藏文古籍出版社的《西藏非物质文化遗产系列（第二辑）》、广州暨南大学出版社有限责任公司《客家非物质文化遗产传承与保护工程系列》、云南教育出版社有限责任公司《西双版纳傣族自治州国家级非物质文化遗产丛书》、华南理工大学出版社有限公司《广东省非物质文化遗产传统音乐研究丛书》、方圆电子音像出版社有限责任公司的《箫鼓春社——京津冀地区非物质文化遗产传统音乐集成（丛书）》、高等教育电子音像出版社有限公司的《使命与责任：中国非物质文化遗产教育传承项目（第一期：传统戏剧）》、雪域音像电子出版社的《西藏自治区国家级非物质文化遗产传承人》等。

2. 影响力分析结论

347 种图书平均被引 48.97 次，被引次数比论文篇均最高频次高出一倍，证明图书的学术影响力比期刊论文持久，图书的阅读传播范围更广。

使用学术影响力和社会影响力复合指标综合评价后得出的代表性图书同时也

是优秀的学术著作。这些图书是研究者科研成果的系统性总结，或者提高公众对某些重要问题的认识，促进社会对这些问题的关注和理解；或者能够对学科的发展或建设产生重大贡献和推动作用，在教学方面也发挥着重要作用，为学生提供了高品质、有深度和前沿性的学术知识和经验；或者为学术界提供了新的理论基础或研究方法，丰富了该领域的知识体系；或者改变或更新了研究者对某一问题的研究范式，引导后续研究采用新的视角；或者为政策制定者提供理论依据和实证数据，影响政策的制定和实施；或者推动新技术的发展和应用，可以促进企业经营和经济发展。其著者在业界具有较高的影响力和认可度，他们的研究甚至成为行业的标准，这是对其学术贡献的一种肯定。

3.学术研究机构及出版社

以中国艺术研究院为首，中山大学、华中师范大学、中央民族大学、山东大学、吉首大学、重庆文理学院、北京师范大学、浙江师范大学、湖南师范大学、广西师范大学、河北大学、贵州大学、云南大学、安徽大学、各省民族大学都是非遗研究的主力机构。

出版社比较分散，排名靠前的出版社主要有文化艺术出版社、中国社会科学出版社、民族出版社、知识产权出版社、苏州大学出版社、中国文联出版社、社会科学文献出版社和学苑出版社。它们出版的非遗学图书加起来占出版总量的27%，正在形成出版优势。

总之，我国的非遗学书籍从基本理论到实际操作，从系统的系列丛书、百科到专业的著作、教学材料，都体现出整个社会都在积极地关注和支持着非物质文化遗产的研究和保护工作。更重要的是，无论是图书还是论文，这个热度都在增加，发文量趋势向上。

（二）代表性图书

经过综合评价，我们筛选出 48 种代表性图书。这些图书具有较高的学术影响力和社会影响力，各方面都显示出较高的学术研究价值和教学参考价值。这些图书有的是学术基础辨析，有的是系统理论探究，有的是田野普查工作方法，有的是技术应用，有的是法律争鸣，涵盖了中国非遗研究进程中的多个方面，从理论到实践，从保护到传承，从国内到国外都有涉猎。

1.《非物质文化遗产概论》

王文章主编。该书 2004 年开始编撰，由中国艺术研究院最早参与我国非遗保护实践的 8 位学者历经两年时间完成，第一版于 2006 年 10 月由文化艺术出版社出版。2008 年，为适应高等院校教学需要，该书按教材体例进行了调整，作为教材由教育科学出版社出版第二版。2011 年，鉴于《中华人民共和国非物质文化遗产法》的颁布以及非物质文化遗产保护工作的实践经验需要进行更深入的理论概括，作者再次对本书做了认真修订，并于 2013 年出版第三版。2023 年，基于国内在非遗工作领域和非遗研究方向上的重大进展，第四版《非物质文化遗产概论》由高等教育出版社出版。此书再版多次，根据综合评价分析结果，是非遗学领域学术著作影响力首屈一指的图书。

该书探求、分析非物质文化遗产及其保护的基本规律，对我国非遗保护工作中出现的各种理论与实践问题作出思考与总结，着重回答了什么是非物质文化遗产，它们到底有什么样的价值，今天我们保护它究竟有什么意义，应该怎样对非遗进行科学、合理的保护等。书中对非物质文化遗产的概念、特点、价值、分类、保护的意义和理念、保护的方式都做出了明确的论述。由该书改编的教材也一直畅销，是高等院校、文化及相关行业培训所广泛使用的、最具影响力和权威性的非物质文化遗产保护教科书,在培养非物质文化遗产保护相关专业人才、提高广大非物质文化遗产保护工作者专业素养方面发挥了重要作用。正如作者本人在第四版第一章导论中所说:"该书站在历史与文化的总体高度,从国际国内两个视角,全方位地、系统而深入地回答了人们面对非物质文化遗产保护所关心的一系列问题,而且还切实地为非物质文化遗产抢救和保护工作提供了宏观的解决问题的思路。可以说,这样系统的概论性著作的问世,对于非物质文化遗产学乃至文化遗产学这样一些应时而兴、急切需要、很有前途的新兴学科的创立和发展,作出了积极的尝试和有益的探索。"

主编王文章,文化学者、文化部原副部长兼中国艺术研究院院长、中国非物质文化遗产保护中心主任。王文章对非遗的贡献不仅限于学术和艺术管理方面,他还积极参与非物质文化遗产的保护工作,是中国非物质文化遗产保护的重要推动者之一。他的工作和研究成果在非物质文化遗产的保护和传承方面发挥了重要作用,为保护和传承中国的非物质文化遗产做出了显著的贡献。

2.《非物质文化遗产保护理论与方法》

乌丙安著,文化艺术出版社 2010 年出版。全书共收录了 36 篇文稿,涵盖了作者在 2003 年至 2009 年参加中国民族民间文化遗产保护工程期间以及此后参加国家非物质文化遗产保护工作期间所写的论文和文章。为了将文化遗产抢救的连续性作业记录下来,作者还选出了从 2000 年至 2002 年年底参加中国民间文艺家协会发起的中国民间文化遗产抢救工程筹备工作中写下的部分文字资料,作为附录供读者参阅。结合作者的民俗学专业,论证非物质文化遗产保护工作和民俗学专业研究的关系。

乌丙安,中国民俗学会名誉理事长、国家非物质文化遗产保护工作专家委员会副主任、中国民间文化遗产抢救工程专家委员会副主任,兼任中国艺术研究院、中南民族大学等多所院校教授,原辽宁大学民俗研究中心主任、教授,蒙古族。1992 年荣获国家有突出贡献专家称号并享受国务院特殊津贴。2004 年再获"山花奖"最高荣誉奖。2007 年 6 月获全国非物质文化遗产保护先进工作者称号。

著有《中国民俗学》《中国民间信仰》《民俗学原理》《民俗学丛话》《神秘的萨满世界》《民间文学概论》《生灵叹息》《民俗文化新论》，主编《中国风俗辞典》《中国民俗百科丛书》《满族民间故事选》《世界风俗传说故事大观》《民间神潜》等著作。

3.《非物质文化遗产学》

苑利、顾军著，高等教育出版社 2009 年出版。该书是国内第一部以非物质文化遗产学学科建设为目标的学术专著，也是供大专院校及相关人士学习与参考的教科书。该书分为上下两编，上编主要从定义入手，对非物质文化遗产的概念、分类及其相关问题进行详细阐述；下编则进一步探讨了非物质文化遗产的价值、保护方法与原则等理论内容。

苑利是中国艺术研究院研究员，中国民间文艺家协会副主席，农业农村部全球重要农业文化遗产专家委员会副主任，中国人类学民族学研究会民族文化遗产专业委员会主任。他主要研究方向是非物质文化遗产学，并且在该领域有着深厚的研究和丰富的实践经验。顾军，女，历史学硕士，现任北京联合大学应用文理学院历史系主任，北京文化史研究所所长，教授。

4.《非物质文化遗产保护研究》

宋俊华、王开桃著，中山大学出版社 2013 年出版。该书系统地讨论了非遗的概念、特点、类型、价值、学科性、生态性等理论问题，并涉及调查与研究、管理与展示、学校教育、生产性保护以及文化生态保护区建设等实际操作内容。书中从文化人类学和生态学的角度出发，深入分析了非遗的传承性和实践性，强调了其在现代社会中的重要性和必要性。此外，作者还结合了多年的独立研究成果，将基本理论问题与实际问题相结合，具有一定的独创性和系统性。

宋俊华，1968 年生，陕西师范大学文学学士（1991 年）、文学硕士（1994 年）。

1999年考入中山大学中文系攻读中国古代文学专业博士研究生，2002年获得博士学位后留校工作。现任职于中山大学中文系和中国非物质文化遗产研究中心，担任教授及博士生导师，兼任教育部人文社会科学重点研究基地中山大学中国非物质文化遗产研究中心主任。

5.《非物质文化遗产学论集》

陶立璠、樱井龙彦主编，学苑出版社2006年出版。该书是国际亚细亚民俗学会理论文库之一。该书是关于文化遗产概念的研究、文化遗产的开发、文化遗产的保护以及有关文化遗产的其他问题的讨论文集。书中包含了一些重要的论文，例如《什么是文化遗产——对一个当代观念的知识考古》《保护人类口头和非物质遗产：由来，发展和现状》以及《文化遗产保护与修复：理论模式的比较研究》等。

陶立璠是一位著名的民俗学家，出生于1938年，甘肃省永登县人。他长期致力于中国民间文化的保护与研究工作，并担任过多个学术职务。陶立璠在民俗文化领域有着深厚的造诣，出版了多部重要的著作，包括《亚细亚民俗研究》（第六辑）和《非物质文化遗产学论集》。樱井龙彦则是一位日本学者，专注于文化遗产保护和研究领域，他与陶立璠合作，共同主编了《非物质文化遗产学论集》，为该领域的学术交流做出了重要贡献。

6.《非物质文化遗产：理论于实践》

刘锡诚著，学苑出版社2009年出版。该书汇集了作者多年来在非物质文化遗产（简称"非遗"）保护、考察、咨询和理论探索等方面的研究成果。是民间文化学者刘锡诚先生的代表作之一。书中详细探讨了近年来中国在保护和传承非物质文化遗产方面所取得的成就，同时也指出了存在的问题，如民间文化保护的理论准备不足以及缺乏实地调查等。

刘锡诚是中国著名的民俗学家和民间文化研究专家，长期致力于非物质文化遗产的保护工作。他不仅在学术界有着深厚的影响力，还积极参与到实际的非遗保护工作中，包括在一些省市的非遗保护中心、中国艺术研究院、中央文化管理干部学院等专业机构进行授课和讲演。此外，他还参与编写了《中国非物质文化遗产图文典藏丛书》，进一步推动了非遗文化的普及和研究。

7.《中国非物质文化遗产百科全书》

冯骥才主编，中国文联出版社2014年出版。该书是本次评价唯一收录的百科全书。也是中国第一部非物质文化遗产百科全书。由中国民间文艺家协会主席、著名的非物质文化研究专家冯骥才主编。目前出版了《史诗卷》《传承人卷》《代表性项目卷》三卷。《中国非物质文化遗产百科全书·史诗卷》包括《格萨(斯)尔》《江格尔》和《玛纳斯》，被称为中国的"三大史诗"。《中国非物质文化遗产百科全书·传承人卷》，按门类、批次、地区、项目等来安排条目。内容包括民间文学、民间音乐、民间舞蹈、传统戏剧、曲艺、杂技与竞技、民间美术、传统手工技艺、传统医药、民俗等十个门类，涉及20多个地区、1986名国家级非物质文化遗产项目代表性传承人，比较详尽地叙述和介绍了中国非物质文化遗产传承人的基本情况。《代表性项目卷》汇集了目前中国所有国家级非物质文化遗产代表作品。全书分为传统技艺、民间美术、民间舞蹈等十大部分，共收条目1200余条，总字数约110万字。在完整收录非遗代表性项目基本信息的同时辅以精选图片与传承人名录。

该系列丛书内容丰富，体例完备，具有完整性、学术性、规范性、知识性和通俗性等特点。它既适合非物质文化遗产爱好者、普通民众参考和查询，同时，它也是一部专业的非物质文化遗产百科全书，是这一专业的学习者和研究者必备的工具书。

冯骥才是我国著名的文化学者、作家、画家、社会活动家。1942年生于天津。现任中国文联副主席、中国民间文艺家协会主席、国务院参事等职务，并担任天津大学冯骥才文学艺术研究院院长。他自20世纪80年代以来，是伤痕文学、反思文学和文化小说几个阶段的代表性作家之一。除了在文学领域的卓越成就外，冯骥才还致力于文化遗产保护工作，特别是在城市历史文化保护和民间文化抢救方面做出了重要贡献。

8.《非物质文化遗产保护与田野工作方法》

王文章著，文化艺术出版社 2008 年出版。2007 年 6 月初，中国艺术研究院和台湾东吴大学在北京共同主办了一次"非物质文化遗产保护中的田野考察工作方法研讨会"，来自海峡两岸的 30 余名学者围绕这一中心议题，展开了全面深入的讨论。不仅对我国大陆及台湾地区非物质文化遗产保护的概况作了回顾，还介绍了此项工作的日本经验。专家们指出，21 世纪开始的这次"非物质文化"概念下的调查工作，应该在前人相关工作的基础上做好追踪调查并有所突破，即继往开来。为达此目的，一定要田野考察先行。专家们的讨论阐发，不仅论及方法，还明晰了非物质文化遗产保护工作中"为什么保护""保护什么"和"如何保护"等问题。研讨会后出版了这本论文集。论文集从保护方法的操作性角度，对非物质文化遗产的保护作了多视角的总结和探讨。大规模的非物质文化遗产保护工作，首先是科学的普查。为有效促进这项普查乃至研究、保护工作的顺利进行，"田野考察工作方法"显得尤其重要。

9.《非物质文化遗产保护问题研究》

中国社会科学院知识产权中心主编，知识产权出版社 2012 年出版。这本书汇编了有关非物质文化遗产保护的立法概况、理论与实践，以及保存与运用等方面的论文。该书旨在为非物质文化遗产保护领域的实践工作者、相关政府部门和理论研究人员提供参考，并推动我国非物质文化遗产保护工作的进一步发展。

10.《文化人类学与非物质文化遗产》

麻国庆、朱伟著，生活·读书·新知三联书店 2018 年出版。该书出版仅 5

年多就能获得不错的综合评价，可见其学术水平和传播范围。该书从"概念""田野""文化特征""文化行政""保护实践"，以及"社会主义新传统"和"文化创意产业"等多个角度，将非物质文化遗产理论与实践纳入人类学的视野中进行梳理；把一些新的概念和主题引入对非物质文化遗产的研究当中，比如对社会主义新传统的探讨、对与文化创意产业关系的探讨、非物质文化遗产的"符号化"问题等，这些都为非物质文化遗产的系统研究提供了新的方向；将"非物质文化遗产"作为一个整体性概念进行系统探讨，而非具象化为某种文化形式。该书既可以视为人类学理论与非物质文化遗产实践的某种探讨与对话，也可以视为人类学对于中国传统文化的现实观照。

作者麻国庆，中央民族大学民族学与社会学学院院长、教授、博士生导师，长期从事人类学研究工作，有丰富的学术成果。朱伟，广东省非物质文化遗产保护中心办公室主任，专注于非遗保护与人类学理论的结合。

11.《非物质文化遗产数字化研究》

杨红著，清华大学出版社 2019 年出版。非遗数字化是 2017 年非遗研究领域出现的核心热词（见图 2003-2023 非物质文化遗产研究热词图）。该书系统梳理了当前国内外非遗数字化实践的指导性著作，针对我国非遗数字化的核心问题提出了一系列解决方案。作为非遗数字化解决方案的一本工具书，杨红在书中首次提出非遗项目类属的"双层四分法"，基本解决了现有分类与数据管理需求之间的主要矛盾。具体如下：

①非遗数字资源的核心元数据元素集方案：在复用都柏林核心元数据元素集的基础上，赋予各元素以与非物质文化遗产数字资源特征相匹配的元素注释，并适当增加元素语义修饰词，以达到兼容性与适用性最大化的目的。

②非遗项目分类编码体系：将非物质文化遗产项目分为传统表演艺术、传统工艺美术、传统生产、生活知识与技能以及传统节庆与仪式四个一级类别，并在一级类别之下建立了二级类别的"双层四分法"。

③非遗数字化保护及数据库建设的标准体系：对整个标准体系进行理论层面

的梳理，确定了非遗数据库标准化工作的具体内容，并通过引入美国等国数字化保存标准研究中资源格式、技术规范等方面的阶段性成果，为国内非遗数字资源标准化具体文本的研究提供了务实的启发。

杨红，文化产业管理学院副教授，公共文化与创意设计系主任，非遗展示传播研究中心（筹）负责人，艺术学非遗方向博士，设计学博士后，研究方向为非遗的数字化保护与展示传播。出版专著《非物质文化遗产数字化研究》（社会科学文献出版社，2014）、《非物质文化遗产展示与传播前沿》（清华大学出版社，2017）等；主持国家社科基金艺术学项目"丝绸之路新疆段非物质文化遗产的当代流变分析"、文化部科技创新项目"非遗数据库构建分类及信息资源元数据研究"、文化和旅游部非遗司委托课题"非遗传播专项研究"等；在核心期刊及国家行业报刊中发表非遗数字化保护、非遗展示策划、非遗数字传播等方面论文三十余篇；主讲课程有《文化遗产保护与传播》《非物质文化遗产概论》《文化遗产保护与开发》等。该作者还有一本《非物质文化遗产：从传承到传播》（清华大学出版社2019年出版）也是颇具影响力的著作。

12.《传统村落与非物质文化遗产保护研究》

汪欣著，知识产权出版社2014年出版。在文化遗产保护领域，我国将传统村落纳入文化遗产体系，使之成为物质和非物质文化遗产之后另一类综合性的文化遗产。本书通过综述国内外各学科领域对传统村落的研究现状，以及国内外对于传统村落的保护实践，介绍关于传统村落保护的理论和实践问题；以文化生态学为理论基础，从文化遗产保护的视角，探讨徽州传统村落的历史发展、存在现状以及文化生态变迁；通过考察徽州传统村落中的非物质文化遗产及其保护情况，探讨非物质文化遗产与传统村落的关系，探索徽州传统村落保护的途径；最后，作为全书总结，探索以村落为单位保护非物质文化遗产的实践模式。

汪欣，女，2006年8月进入中国艺术研究院中国非物质文化遗产保护中心，从事非物质文化遗产保护工作。2010年，转入中国艺术研究院艺术人类学研究所，为专职研究人员，研究方向：文化人类学、非物质文化遗产保护。

13.《中国非物质文化遗产保护论坛论文集》

王文章主编,文化艺术出版社 2006 年出版。该书探讨具有中国特色的非物质文化遗产保护、论文化遗产保护和社会进步、非物质文化遗产中的精华与糟粕、非物质文化遗产的传承与传承人、非物质文化的界定、非物质文化遗产保护与我们所应秉承的十项基本原则、文化遗产保护中"物质"与"非物质"遗产的区分和比较、生命承载的非物质文化遗产等主题。

14.《世界非物质文化遗产》

向云驹著,宁夏人民出版社 2006 年出版。该书广泛涉及非物质文化遗产的国际原则、国家政策、抢救理念、保护实践、学术追问、类型研究、历史分析、现象批评及鉴赏品析等多方面内容。书中不仅介绍了非物质文化遗产的基本知识和"代表作"及其鉴赏,还以链接的方式全面反映了各国在保护非物质文化遗产方面的努力以及中国的成果,包括重要访谈、论文、活动宣言和呼吁书等形式。

向云驹,男,土家族,1956 年出生于湖南湘西。他于 1971 年开始从事文艺工作,并于 1984 年毕业于中央民族大学中文系,获得学士学位,1987 年又获得民族文学硕士学位。目前,向云驹担任中国民间文艺家协会分党组成员、秘书长,中国民间文艺研究所所长,是中国作家协会会员,并在中山大学非物质文化遗产研究中心担任学术委员,同时在天津大学、河南大学、长春大学和长春师范学院担任兼职教授。主要从事民间文化研究。

15.《非物质文化遗产的知识产权保护》

李秀娜著,法律出版社 2010 年出版。本书探讨了非物质文化遗产在法律视角中的定位,以及非物质文化遗产权利与现行知识产权制度之间的冲突与融合。作者主张将非物质文化遗产纳入知识产权体系,需要创新现有的知识产权理论体系,构建一个符合非物质文化遗产特性的新型知识产权保护制度,摆脱对现行制度的依赖，以源泉为本全面保护非遗智力成果。

李秀娜是北京联合大学的副教授、博士，旅游学院科研处副处长及旅游与非物质文化遗产研究所副所长，主要研究领域为国际知识产权法学。

16.《中国非物质文化遗产保护十年（2003-2013年）》

汪欣著，知识产权出版社2015年出版。该书分为上下两篇，其中上篇为实践篇，按照中国非物质文化遗产保护事业发展的历史线索，以分专题的形式，梳理了2003年至2013年中国非物质文化遗产保护事业的发展历程。通过翔实的数据和丰富的实例，展示了中国在非物质文化遗产保护方面的努力和成就，是一部具有重要学术价值和社会意义的作品。

17. 中国非物质文化遗产保护法律机制研究

王鹤云、高绍安著，知识产权出版社2009年出版。本书对中国非物质文化遗产的保护法律机制进行了全面的研究，探讨了现有法律体系在非遗保护中的作用与不足，并提出相应的改进建议，旨在构建更加完善的非遗法律保护体系。

王鹤云，河北大城人，曾就读于河北大学、中国政法大学、北京大学，历史学、法学学士，公共管理硕士，中国法学会民族法学研究会理事。高绍安，安徽巢湖人，文学、法学学士，法律硕士，曾任《中国审判案例要览》主编助理、民事卷编辑，《法律适用》（月刊）责任编辑，现任《中国审判》（月刊）编辑部主任、副编审。

18.《非物质文化遗产传承研究》

张仲谋著，文化艺术出版社2010年出版。此书聚焦于非物质文化遗产的传承问题，分析了不同类型非遗项目的传承方式与策略，探讨了如何在现代社会中有效保存和传播非物质文化遗产，以实现文化的可持续发展。

张仲谋，文化学者，长期研究非物质文化遗产及其传承，有多篇相关论文和著作。

19.《新形势下中国非物质文化遗产保护与传承关键性问题研究》

鲁春晓著，中国社会科学出版社 2017 年出版。该书详细探讨了非遗保护与传承中的关键性问题。内容涵盖了非物质文化遗产的理念及类别、特征与价值、国际"非遗"保护与开发的理论与实践以及我国"非遗"的保护与传承策略等多个方面；通过深入分析当前非遗保护面临的挑战和机遇，提出了切实可行的保护与传承策略。

鲁春晓，山东女子学院旅游学院，教授，博士研究生。研究方向主要集中在旅游文化与文化产业方面。

20.《非物质文化遗产概论》

牟延林等著，北京师范大学出版社 2010 出版。该书深入探讨了非物质文化遗产及其保护这一重大课题，力求系统全面地回答人们对非物质文化遗产所关心的问题。书中从历史与文化的总体高度出发，结合国际国内两个视角，全方位地、系统而深入地阐述了非物质文化遗产的内涵、价值及其保护措施。书中还附有重庆市非物质文化遗产代表作简介，为读者提供了具体的案例分析。

牟延林，重庆市教育委员会，教授，主要研究方向是高等教育、文化、行政法及地方法制。

21.《非物质文化遗产保护国际法制研究》

李墨丝著，法律出版社 2010 年出版。该书主要探讨了进入 21 世纪以来国际社会所经历的深刻变化，包括和平与发展的主题、科技的迅速发展以及经济全球化的深入趋势，书中详细阐述了一些发达国家在经济和科技上的优势，并分析了这些国家或地区在外交和法律领域如何利用其优势来推动非物质文化遗产的保护工作。此外，书中还讨论了传统文化资源知识产权特别权利保护制度的构建思路，以及如何应对科技、产业发展和解决历史遗留问题等挑战。

李墨丝，女，1981年生，湖南洞口人，现任职于上海对外贸易学院国际经贸研究所。

22.《非物质文化遗产保护领域社会力量研究》

张兆林、齐如林、束华娜著，中国社会科学出版社2017年出版。该书主要探讨了非物质文化遗产保护中的社会力量，尤其是高等教育机构、专家学者、民间资本、新闻媒体和行业组织等在这一领域的参与情况。书中详细分析了这些不同社会力量在非物质文化遗产保护中的作用和影响，并且特别关注大数据时代和融媒时代对非物质文化遗产保护的影响。通过详尽的研究，作者试图为学界提供新的视角和理论支持，以丰富现有的研究成果。

张兆林，聊城大学教授，主要从事文化遗产、艺术民俗学研究。

23.《中国羌族非物质文化遗产概论》

贾银忠著，民族出版社2010年出版。该书系统而全面地对羌族的非物质文化遗产进行了梳理，并从总体和单项对其重要性、唯一性和价值性等方面进行了深入分析。书中首先对羌民族的人口、分布、历史以及"5·12"汶川大地震对羌族非物质文化遗产的影响作了简要介绍，着重突出羌族非物质文化在地震之后所面临的困境。此外，书中还对羌族非物质文化遗产进行了界定，并对其现代价值进行了分析。

贾银忠，西南民族大学教授，研究方向包括中国少数民族文化、旅游市场等，著有相关领域多部专著和学术论文。1992年以来先后策划国家级的旅游项目和文化活动项目3项，另策划省级旅游、文化活动项目4项。

24.《都市发展与非物质文化遗产传承》

姚朝文、袁瑾著,北京大学出版社 2009 年出版。本书分为上下两编,上编主要探讨"民俗因子在当代的影响与传播",下编则关注"当代传媒的城市想象与传统文化"。上编以黄飞鸿系列叙事活动为主轴,讨论了百余年来这些历史传说、小说传奇、粤剧演唱等如何在国内外传播,并构成深远的民俗传播地图。下编则从当代传媒的角度出发,分析城市想象与传统文化之间的关系,探讨它们如何为当代人提供精神支柱和心灵慰藉。

姚朝文,中山大学中国非物质文化遗产研究中心的兼职教授,同时也是佛山科学技术学院人文与教育学院中文系的教授和硕士研究生导师,研究涉及非物质文化遗产的概念、特点、类型、价值以及其学科性和生态性等理论问题,并探讨了非物质文化遗产的调查与研究、管理与展示等方面。袁瑾,女,2007 年博士毕业于中山大学文学院,现为广东外语外贸大学中文学院教授,硕士生导师。主要从事文化传播研究。

25.《解读非物质文化遗产》

向云驹著,宁夏人民出版社 2009 年出版。该书是继其作者先前出版的《人类口头和非物质遗产》和《世界非物质文化遗产》之后的又一重要作品,展现了作者多年来对非物质文化遗产领域的研究成果。全书共 40 万字,详细探讨了非物质文化遗产的保护、传承及其在现代社会中的应用与发展。书中不仅系统地分析了非物质文化遗产的概念和范畴,还结合实际案例,提出了许多具有前瞻性的保护策略和实践建议。

向云驹,男,土家族,1956 年出生于湖南。中国民间文艺家协会分党组成员、秘书长,中国民间文艺研究所所长,中国作家协会会员,中山大学非物质文化遗产研究中心学术委员以及天津大学、河南大学、长春大学、长春师范学院的兼职教授。在非物质文化遗产保护领域有着较深厚的学术积累和丰富的实践经验。他不仅发表了大量关于非物质文化遗产的研究论文和讲话稿,还参与了多项重要的非遗保护项目和政策制定工作。主要研究方向包括民间文化、口头传统、表演艺术等，致力于推动非物质文化遗产的理论研究和实践应用。

26.《非物质文化遗产数字化应用与教育化传承研究》

刘正宏著，中国轻工业出版社 2018 年出版。该书主要依托于国家级民族文化传承与创新教学资源库项目、北京市高校教改项目民族文化资源在传媒艺术专业建设中的应用研究以及校级重点课题非物质文化遗产数字化应用研究。

刘正宏是北京电子科技职业学院艺术设计学院院长，副教授，担任国家级传媒艺术设计教学团队骨干成员、国家级民族文化传承与创新教学资源库核心成员。

27.《萨满艺术非物质文化遗产研究》

陈佳著，社会科学文献出版社 2018 年出版。该书主要探讨了萨满教这一古老宗教在北方地区少数民族中的影响和作用，以及其艺术表现形式和传承方式。书中详细分析了萨满艺术的艺术规律、审美特征及其与社会历史、仪式活动的关系。

萨满艺术的发展现状：从艺术学视角出发，深入探讨了北方民族萨满艺术类非遗的艺术规律形成与表现、传承方式及当代延伸等问题。

萨满造型艺术的审美规律：讨论了萨满造型艺术的美感生成离不开祭祀空间，并通过个案研究进一步阐述了其美感和审美价值的生成过程。

萨满艺术与社会历史关系：分析了萨满艺术如何在不同历史时期被创造和使用，以及这些艺术作品如何反映当时的社会文化背景。

萨满艺术与仪式活动的关系：探讨了萨满艺术在各种宗教仪式中的应用及其对仪式活动的影响。

陈佳，吉林大学艺术学院的副教授和硕士生导师，中国书法家协会会员，吉林省美术家协会会员，主要研究萨满艺术、美术书法雕塑与摄影，文艺理论，高等教育。

28.《非物质文化遗产旅游开发》

欧阳正宇、彭睿娟著,吉林出版集团股份有限公司 2016 年出版。本书深入探讨了非物质文化遗产在旅游开发中的价值及其保护与传承问题。作者指出,非物质文化遗产是国家传统文化的精髓,是民族文化的"根"与"魂",也是人类文明的宝贵财富。书中分析了非物质文化遗产旅游开发的具体策略,包括挖掘少数民族的饮食文化、服饰文化和手工艺技艺等物质产品,并强调应从旅游产品的宣传、定位以及产品策划和渠道设计等方面入手,开发参与性较强的旅游产品。此外,书中还提出了形象经营、休闲演艺、节事旅游和旅游商品开发等多种非物质文化遗产旅游开发模式。

欧阳正宇,湖南汝城人,毕业于兰州大学资源环境学院,人文地理学博士。西北师范大学旅游学院副教授,旅游管理系主任,硕士生导师。主要研究方向:旅游文化与资源开发、非物质文化遗产旅游开发、旅游发展对目的地社会文化影响等。陈娟娟,毕业于浙江工商大学,管理学硕士,西北师范大学旅游学院专职教师,兼任学院专业实践中心主任。主要研究方向为民族旅游、文化旅游、中国饮食文化、非物质文化遗产传承等。

29.《"文化自觉"视野中的"非遗"保护》

方李莉著,北京时代华文书局 2015 年出版。本书收集了著者从 2001 年至今所写的一些有关文化自觉、人文资源及非遗保护方面的文章。一共分四个部分,第一个部分理论思考,主要是 2001 年以来所发表的一些学术论文。第二个部分田野与个案,是从 2001 年至 2008 年作者在西部所做的田野及个案研究,主要是集中在陕西的陕北、关中以及贵州梭嘎的苗寨。第三个部分学习与对话,主要是费孝通先生当年指导西部课题时所做的一些对话。第四个部分文化自觉与非遗保护,是作者对非遗保护所做的一些思考。

方李莉,1956 年生于江西都昌,清华大学美术学院史论系博士,北京大学社会学人类学研究所博士后。现任东南大学艺术学院特聘首席教授,中国艺术研究院艺术人类学研究所研究员，英国杜伦大学人类学系客座高级研究员，并担任国家非物质文化遗产专家委员会委员。主要研究方向为艺术人类学、中国陶瓷史以及非物质文化遗产保护。

30.《遗产·空间·新制序－博物馆与非物质文化遗产保护研究》

王巨山著，商务印书馆 2018 年出版。该书主要探讨作为文化遗产、社区、人与社会交汇的重要空间——博物馆，在《保护非物质文化遗产公约》所构建的保护目标区域内，应该发挥什么样的作用以及如何应对非遗保护的挑战、更新"制序"，以促进《保护非物质文化遗产公约》目标的实现和优秀传统文化的延续。本书首先探讨博物馆参与非物质文化遗产保护的必要性。其次，选取杨家埠大观园、松阳生活形态博物馆、美国印第安人博物馆等国内外具体案例，探讨传统博物馆在非遗保护中的优势、作用与问题。第三，在梳理数字化、数字化博物馆和数字博物馆概念基础上，结合国内非遗数字博物馆实例，探讨数字博物馆参与非遗保护的优势及面临的问题。第四，在分析生态（社区）博物馆的源流、理论和特征基础上，结合梭嘎生态博物馆、安吉生态博物馆等案例探讨生态（社区）博物馆在非遗保护中的作用与不足。基于前述探讨和分析，作者提出了对博物馆与非物质文化遗产保护展望。

王巨山，1979 年出生，2007 年毕业于山东大学历史学院，获得博士学位，副教授、硕士研究生导师，浙江师范大学文传学院副院长兼文化产业管理专业主任，耶鲁大学人类学系访问学者，浙江省文化厅非遗专家库专家，浙江省文化产业学会理事。已出版《浙江文化遗产保护史》《非物质文化遗产概论》《中国文化遗产保护与发展实践》《中国文化遗产概论》《故事传说·杨家埠木版年画故事研究》等多部著作。

31.《贵州少数民族非物质文化遗产传承人保护研究》

陈静梅著，中国社会科学出版社 2016 年出版。该书是一本关于贵州少数民族非物质文化遗产及其传承人的学术著作。该书分别研究了传承人的人生历程与口述史、传承人的认定、传承人的权利义务、传承人的保护方法、贵州少数民族非物质文化遗产及其概况、行政保护措施存在的问题及如何完善，分析了非物质文化遗产传承人的私权保护探讨了非物质文化遗产的制度反思和理论构建，最后提出，非物质文化遗产保护和传承的关键在于传承人，需要政府、学界更加深入地进行田野调查，也需要不断完善理论研究，加强对传承人保护的指导。

陈静梅，女，贵州瓮安人，现任贵州财经大学文法学院教授，拥有中山大学中文系比较文学专业博士学位。她的研究领域主要集中在女性主义文学批评和少数民族文化研究上。

32.《音乐类非物质文化遗产保护的理论与实践》

田青著，安徽文艺出版社 2012 年出版。本书系统地阐述了音乐类非物质文化遗产的保护理论，还通过丰富的案例分析提供了实际操作的指导，是从事相关研究和工作的专业人士参考资料。本书内容主要分为三个部分：音乐遗产保护基础理论探讨、传统器乐类音乐遗产个案调查以及传统民歌与歌舞类音乐遗产个案调查。这些章节详细讨论了音乐类非物质文化遗产的保护策略和具体案例，旨在为读者提供全面而深入的理解和参考。

田青，中国著名的音乐学家和非物质文化遗产保护专家，现任中国艺术研究院音乐研究所名誉所长、中国昆剧古琴研究会会长、中央文史研究馆馆员等职务。他长期致力于中国传统音乐、宗教音乐及非物质文化遗产保护的研究和推广工作，著有多部关于中国音乐和非遗保护的重要作品。

33.《非物质文化遗产的法律保护》

杨明著，北京大学出版社 2014 年出版。该书以法律结构为逻辑线索，展开体系化的研究，试图勾勒出"涉及的利益主体—利益主体享有的权利之定性—利益主体之间的具体法律关系"这样的架构。书中对"非物质文化遗产保护的法律结构"进行了详细解析，是将"维护文化多样性之价值取向"落实到制度层面的重要理论工作。

杨明，法学博士，北京大学法学院副教授，研究领域为知识产权法、网络法。

34.《黔湘桂侗族非物质文化遗产跨区域保护和传承研究》

曾梦宇、胡艳丽主编，民族出版社 2016 年出版。该书主要探讨了位于中国西南地区的湖南、贵州和广西三省交界处的侗族非物质文化遗产在跨区域保护和传承方面的问题与策略。书中详细分析了侗族文化景观遗产的分类保护方法，并提出了系统性的保护措施。此外，还涉及侗族村寨文化景观的动态演化及其在现代城镇化进程中的保护问题。通过对侗族大歌、侗戏、织布等传统艺术形式的研究，书中进一步阐述了如何通过科学的方法来保护和传承这些珍贵的文化遗产

曾梦宇，凯里学院教授，主要从事民族地区经济与文化研究。著有《区域经济理论与怀化周边地区经济发展》《原生态背景下西部民族地区县域经济发展研究》等论著。

胡艳丽，贵州原生态民族文化研究中心的研究员，同时也任职于凯里学院。她参与编写了《贵州省非物质文化遗产版图》，这本书采取总分结合的方式对贵州省非物质文化遗产作地域性的分类介绍。

35.《我国非物质文化遗产行政法保护研究》

高轩著，法律出版社 2012 年版。该书从行政法的角度对我国非物质文化遗产的保护问题进行了深入研究，系统地探讨了当前我国非物质文化遗产行政法保护的现状及存在的制度缺失，并提出了适合我国国情的立法模式。书中通过分析非物质文化遗产行政法保护的运行环节和国际上相关的立法模式，比较了不同国家在这一领域的经验，从而为我国非物质文化遗产的行政法保护提供了理论依据和实践指导。作者高轩还系统地建立了我国非物质文化遗产的行政法保护理论体系，旨在完善我国非物质文化遗产的法律保护框架，以应对现代化进程中非物质

文化遗产面临的各种挑战。

高轩，武汉大学法学博士，暨南大学法学院教授、硕士生导师。发表论文《行政应急权对当事人行政诉权的威胁及其司法规制》等。

36.《非物质文化遗产的知识产权保护——以内蒙古自治区为例》

罗宗奎著，中国政法大学出版社 2015 年出版。该书以非物质文化遗产的知识产权保护和开发为中心内容，结合内蒙古自治区非物质文化遗产资源，提出非物质文化遗产与现行知识产权法保护的对接机制，以实现一种现实的知识产权保护方案设计。

罗宗奎，男，河南南阳人，现为内蒙古工业大学法学系讲师，中国政法大学知识产权法专业博士研究生，主要研究方向为知识产权法、法理学。

37.《中国的世界非物质文化遗产》

于海广著，山东画报出版社 2011 年出版。该书对列入世界遗产名录的 29 项中国非遗项目逐一进行了解读，每篇都有三个基本部分组成。第一部分是对该项遗产的产生和发展历史的梳理，以此来说明其历史积淀的深厚；第二部分是对该项遗产内容的分析，重点是对其所以成为世界级优秀文化内涵和特征的解说，以表现该项遗产独具特色的内容；第三部分是以《中华人民共和国非物质文化遗产法》为宗旨，结合该项文化遗产的自身特点和生存状况，在保护规划和保护措施方面进行的论述，以体现"保护为主，抢救第一，合理利用，传承发展"的保护方针。

于海广，山东大学博物馆馆长、山东大学历史文化学院分党委书记、考古与博物馆学系主任。

38.《中国非物质文化遗产保护机制研究——基于文化与科技融合视角》

叶鹏著，中国社会科学出版社 2016 年出版。全书从文化与科技融合角度，分别从理论阐释、机制建构和平台设计三个方面，提出构建以政府主导、融合创新、需求导向和社会保护为内容的机制体系及其实现路径。通过对我国非物质文化遗产保护机制的系统研究，初步形成了系统化的理论知识和举措建议，为我国非物质文化遗产保护提供了较为可行的实施建议。

叶鹏，湖北大学资源环境学院讲师、博士。主要研究方向为档案保护和文化遗产保护。

39.《抢救保护非物质文化遗产》

郝苏民、文化主编，民族出版社 2006 年出版。本书主要梳理了大西北的文化遗产，共计收录论文 32 篇，近 37 万字，对西北各民族在非物质文化遗产的抢救、保护等工作做了很有见地的论述，对濒危非物质文化遗产的抢救方法与承诺，各路著名学者的智慧，思考，各遗产门类的资讯与材料，各地保护实践的得失经验都有涉及。

郝苏民，回族，宁夏银川市人。笔名苏民、浩思茫戈、豪斯蒙哥。西北民大社会学学院院长，教授，博导；《西北民族研究》主编。主要从事民俗学、民族学、蒙古文字研究。

40.《少数民族非物质文化遗产教育传承研究》

普丽春著，民族出版社 2010 年出版。该书主要探讨了云南省少数民族非物质文化遗产在教育中的传承问题。书中详细分析了少数民族非物质文化遗产的教育传承现状，提出了新的发展模式，旨在通过学校教育提升学生的文化意识和创造性思维，从而实现文化的活态传承。

普丽春，女，1965 年 2 月 28 日出生，彝族，教授，博士、硕士研究生导师，就职于云南民族大学教育学院。主要从事民族文化与民族教育的教学与研究工作。2004 年被选入教育部专家库。历年来著有《云岭论坛》《云南省高等院校、中等专业学校毕业生就业指导》《民族文化传承与教育》。

41.《非物质文化遗产保护模式创新实证研究——以宜昌长阳土家族自治县为例》

朱祥贵著,厦门大学出版社 2014 年出版。本书以在长阳县社会调查获得的第一手资料,研究长阳县土家族非物质文化遗产保护模式的状况,剖析长阳县土家族非物质文化遗产保护模式实践中的经验和问题,将少数民族非物质文化遗产保护的理论和实践相结合,提出完善长阳少数民族非物质文化遗产保护模式的对策,使长阳少数民族非物质文化遗产保护模式不断创新,为国内其他少数民族非物质文化遗产保护模式提供了借鉴和参考。

朱祥贵,男,1964 年生,湖北巴东人,法学博士,教授,硕士生导师。主要从事民族法学的教学与研究。2003 年在中央民族大学师从我国著名的民族法学专家宋才发教授,2006 年毕业于中央民族大学,获法学博士学位。主持国家级社科项目:少数民族非物质文化遗产教育传承研究。

42.《摩梭非物质文化遗产研究》

李锦主编,李达珠著,四川人民出版社 2017 年出版。

四川省于 2012 年启动了"摩梭家园建设与摩梭文化保护"工程,对四川境内泸沽湖边的摩梭文化进行保护。摩梭人在数千年历史进程中,创造了绚烂厚重的历史文化和民族文化,这种文化是人类珍稀奇特的遗产,在学术研究、保存利用等方面具有极高的价值,是创建泸沽湖旅游精品项目的资源基础。《摩梭非物质文化遗产研究》是"泸沽湖摩梭家园文化书系"之一,书中摩梭族非遗内容在博大精深的摩梭文化体系中仅为一部分,尚有更多的内容有待进行进一步保护性抢救、发掘和收集整理。

李锦,女,1965 年 1 月生,人类学博士。现任四川大学社会发展与西部开发研究院教授,四川省非物质文化遗产保护专家委员会委员、四川省文物局专家委员会委员,主要研究方向为民族学、人类学。长期在藏区进行田野考察,关注藏族社会文化特点、社会文化与生态环境协调发展、非物质文化遗产与传统村落保护。

李达珠（摩梭名喜甲旦珠），男，1954年生于盐源县泸沽湖镇，蒙古族（摩梭人），1977年毕业于四川泸州医学专科学校。后供职于泸沽湖左所中心卫生院、盐源县卫生局、县旅游局、县政协、县人大。现为凉山州泸沽湖摩梭文化研究会会长，凉山州人民政府"凉山州申报世界遗产暨非物质文化遗产保护工作专家委员会"委员。倾力于对摩梭文化的调查、整理和研究。

43.《国外非物质文化遗产保护的经验与启示》

曹德明著，社会科学文献出版社2018年出版。《国外非物质文化遗产保护的经验与启示》（四卷）以欧洲、美洲、亚洲、非洲和大洋洲38个国家非物质文化遗产保护的经验与方法为研究对象，重点关注上述国家非物质文化遗产保护的指导思想、基本方针、总体战略、法律沿革、机构组织、资金来源与运作模式，在广泛收集资料的基础上，力求展开多视角、多方位的分析研究，总结成功经验、吸取失败教训，为中国非物质文化遗产保护出谋划策、建言献策。

曹德明，上海外国语大学法语语言文学专业教授、博士生导师，曾任上海外国语大学校长，现任教育部高等学校外语专业教学指导委员会副主任委员和法语分会主任、中国法语教学研究会会长、上海欧洲学会副会长。曾获上海市教学名师奖、法国金棕榈教育统帅级勋章等荣誉称号。长期从事法语语言、文化研究与教学工作。

44.《民间非物质文化的大学传承》

刘慧群著，西南交通大学出版社2010年出版。该书以民族学的"稀缺理论"、经济学的"比较优势理论"以及教育学的"高等教育文化功能理论"作为研究的理论基础，从多学科视角运用系统论方法综合分析，从教育系统多层面、多维度阐释了民间非物质文化与大学教育之间的内在本质关系，在此基础上，为民间非物质文化的传承与发展建构了一个完整而系统的大学教育体系，并为大学教育设立了一条有特色的民族文化发展路径。同时对地方经济与旅游资源开发过程中的人力资源建设具有学术借鉴意义。

刘慧群，女，1969年出生，湖南怀化人，研究生学历。目前在怀化学院科技处任职，并担任副教授职务。她主要的研究领域包括高等教育管理和民族文化大学发展等。此外，她还专注于民族民间非物质文化遗产的研究，并在湖南省民族民间非物质文化遗产研究基地担任副教授。

45.《非物质文化遗产视野下的民俗艺术与宗教艺术》

黄泽著，海南出版社2008年出版。本书内容包括民俗艺术相关理论探讨、云南少数民族传统工艺调查研究、康巴藏族民俗艺术与宗教艺术调查研究、中国民族非物质文化遗产调查研究等共五编。

黄泽，1964年生，云南大学中文系教授，中国少数民族艺术专业博士生导师。

46.《非物质文化遗产概论》

王巨山著，学苑出版社2012年版。本书介绍了非物质文化遗产的概念与特性、分类与研究方法；非遗保护及其原则、方法；非物质文化遗产保护相关问题；国际非物质文化遗产保护方法与经验。此外，此书还分享了非遗申报、管理、开发方面的相关经验。

47.《少数民族非物质文化遗产研究》

安学斌著，中国社会科学出版社2012年出版，本书的内容包括世界遗产保护运动与少数民族非物质文化遗产、巍山彝族打歌的文化生态、巍山彝族打歌的源流、巍山彝族打歌的类型与结构、巍山彝族打歌的传承等。

安学斌，男，彝族，1964年11月生，中共党员，法学博士，二级教授，博士生导师，云南师范大学副校长。

48.《生生遗续 代代相承——中国非物质文化遗产体系研究》

彭兆荣著,北京大学出版社 2018 年出版。本书为国家重大课题"中国非物质文化遗产体系探索研究"的主体部分,在理论上提出了"生生遗续"作为我国非物质文化遗产体系的代表性概念。在绪论中,首席专家提出了中国文化遗产的"崇高性"概念,凸显我国传统文化中天人合一宇宙观,并与西方文化遗产的"纪念碑性"进行对话。上编主要从遗产体系的知识构成形制,包括文化遗产的生成原理、文化传统与文化传承、"礼"之体与"仪"之用、乡土知识与家园遗产、遗产与博物学谱系等。下编围绕"生生遗续"对中国非物质文化遗产体系纲要展开论述,主要分为六大部分:生命之活态遗产的身体践行、生态之写于水上的文化遗产、生养之文化遗产的养育制度、生计之美味"大羊"尚可馔享、生产之形制工作工具与功名、生业之以生为业的世俗神圣。在结论部分,将中国非物质文化遗产的"崇高性"与"中华本草学与生命本体"相互呼应,突出我国非物质文化遗产体系的生生不息,体现"天人合一"的崇高性,并以关照生命本体为践行原则和实现手段。

彭兆荣,厦门大学教授,人类学研究所所长,厦门大学旅游人类学研究中心主任,中国人类学学会副秘书长,中国艺术人类学研究会副会长,美国伯克利加州大学人类学系高级访问教授,四川美术学院中国艺术遗产研究中心首席专家,出版《遗产:反思与阐释》等 20 部专著。

(三)写在最后

在收集整理数据和分析结果的漫长过程中,我们意识到还有以下几个缺憾。

1. 没有进行非遗项目方面图书的收集整理分析

使用主题词检索时,没有扩展检索中国具体的非遗项目名称或近义词。比如邹克瑾的《萨满造型艺术的当代传承与转化》围绕萨满这种民间信仰，开展其传承研究，也属于非遗研究，由于采用检索式构建的方式和对象数据库局限（知网引文数据库），一些标题具体的非遗项目成果并未进入我们的样本分析。

2. 综合评价定量分析过程中出现突变数据

比如王文章研究员的《非物质文化遗产概论》，这本书由于太具有代表性和原创性，造成引用数量据特别大，但我们没有针对这类对象展开单独分析，仍然进行了统一评价。

3. 时间对于被引总频次的影响是显著相关的

在进行学术影响力分析的时候，我们对样本进行了多次调整，为了验证时间是否是一个影响因素。我们选取了 2011—2019 年期间出版的图书近 200 种，使用熵值法赋权后，又进行了回归分析来验证时间因素的影响。分析证明在 2011 年至 2019 年相对稳定的区间内，时间影响可以忽略。反过来讲，2023 年出版的一本好书则会因缺乏引用数据而造成综合评价低。

4. 引文分析环节缺乏对核心论文的深入分析

引文分析环节由于数据获取条件有限，未进行核心期刊论文引用分析，这对于学者的学术影响力评价来讲有一些小缺憾，不过本书主要进行的是图书引证分析，从其他迹象表明非遗研究领域的高被引图书作者与社会影响力排名居前的学者高度重合，核心论文引用分析也只是锦上添花。

5. 或许遗漏其他好书

比如《人类口头与非物质文化遗产丛书》《人类口头与非物质文化遗产丛书》由浙江人民出版社出版，由王文章研究员主编，中国艺术研究院组织专家撰写。

丛书共八部，包括《昆曲》《古琴》《藏戏》《少林功夫》《热贡艺术》《南音》《木卡姆》《年画》。书中介绍了这些文化遗存的基本面貌、表现形态、美学或工艺上的主要特点、历史以及有代表性的主要传人。丛书配有精美的图片和曲谱，史料翔实，装帧精致，具有很高的史料和收藏价值。

又如朱刚教授的《联合国教科文组织保护非物质文化遗产政策研究：概念、历史及趋势》，学苑出版社2023版。因为出版时间短，尚未能被广泛关注和引用。由文化和旅游部非物质文化遗产司指导，山东大学、山东省文化和旅游厅主办，山东大学儒学高等研究院、非物质文化遗产研究院承办，中国民俗学会等协办的《非物质文化遗产保护：中国经验》也是由于出版时间短，尚未能被广泛关注和引用。

其他还有人民政协网推荐的马盛德新作《中国非物质文化遗产保护十讲》、刘锡诚先生的《非物质文化遗产保护的中国道路（非物质文化遗产保护理论与方法丛书）之一》等。

附录 1：综合影响力分析指标一览表

序号	书名	首版年	责任者	全国馆藏量	被引总频次	博硕士论文引用数	社会网络关注度
1	非物质文化遗产概论	2006	王文章	344	3614	1856	356
2	非物质文化遗产概论	2008	王文章	196	2074	1067	199
3	非物质文化遗产学	2009	苑利、顾军	253	786	450	156
4	非物质文化遗产保护理论与方法	2010	乌丙安	164	665	469	116
5	非物质文化遗产	2009	刘锡诚	10	370	252	125
6	非物质文化遗产学论集	2006	陶立璠、樱井龙彦	178	352	206	40
7	非物质文化遗产保护研究	2013	宋俊华、王开桃	10	280	158	410
8	非物质文化遗产保护与田野工作方法	2008	王文章	155	275	194	24
9	非物质文化遗产概论	2009	牟延林	10	263	22	0
10	非物质文化遗产数字化研究	2014	杨红	261	243	126	234
11	非物质文化遗产的知识产权保护	2010	李秀娜	10	227	148	23
12	文化人类学与非物质文化遗产	2018	麻国庆、朱伟	204	216	118	109
13	中国少数民族非物质文化遗产教程	2008	贾银忠	152	202	112	167
14	中国非物质文化遗产保护法律机制研究	2009	王鹤云、高绍安	10	191	121	58
15	非物质文化遗产传承研究	2010	张仲谋	15	183	127	26
16	中国非物质文化遗产百科全书	2014	冯骥才	147	163	76	352
17	中国非物质文化遗产保护论坛论文集	2006	王文章	72	161	106	123
18	世界非物质文化遗产	2006	向云驹	236	160	111	71

续表

序号	书名	首版年	责任者	全国馆藏量	被引总频次	博硕士论文引用数	社会网络关注度
19	非物质文化遗产保护问题研究	2012	中国社会科学院知识产权中心	192	134	97	150
20	都市发展与非物质文化遗产传承	2009	姚朝文、袁瑾	10	132	88	85
21	非物质文化遗产保护国际法制研究	2010	李墨丝	191	131	93	0
22	"文化自觉"视野中的"非遗"保护	2015	方李莉	14	127	70	61
23	传统村落与非物质文化遗产保护研究	2014	汪欣	130	124	87	163
24	解读非物质文化遗产	2009	向云驹	123	117	89	11
25	少数民族非物质文化遗产研究	2008	安学斌	20	114	70	1
26	非物质文化遗产	2019	杨红	10	97	60	75
27	我国非物质文化遗产的法律保护研究	2010	赵方	10	97	72	7
28	非物质文化遗产精要	2007	段宝林	10	96	72	0
29	非物质文化遗产概论	2012	王巨山	118	94	22	0
30	少数民族非物质文化遗产教育传承研究	2010	普丽春	67	94	60	15
31	音乐类非物质文化遗产保护概论	2011	李爱真、吴跃华	88	94	41	0
32	非物质文化遗产的法律保护	2014	杨明	10	87	62	103
33	音乐类非物质文化遗产保护的理论与实践	2012	田青	95	85	38	71
34	抢救保护非物质文化遗产	2006	郝苏民、文化	148	84	47	0
35	中国非物质文化遗产保护研究	2007	文化部民族民间文艺发展中心	43	83	52	0
36	文化创意和非遗保护	2013	马知遥、孙锐	10	82	49	0
37	非物质文化遗产与民间美术研究文集	2008	乔晓光	53	79	52	1
38	非物质文化遗产的创意价值研究	2015	汪广松	10	78	54	2
39	武陵地区非物质文化遗产及其文献集成	2008	胡萍、蔡清万	40	78	28	0

续表

序号	书名	首版年	责任者	全国馆藏量	被引总频次	博硕士论文引用数	社会网络关注度
40	中国非物质文化遗产保护十年	2015	汪欣	148	78	56	199
41	我国非物质文化遗产行政法保护研究	2012	高轩	173	76	59	3
42	非物质文化遗产保护研究文集	2015	李荣启	10	75	54	0
43	中国少数民族非物质文化遗产法律保护基本问题研究	2011	韩小兵	114	72	50	1
44	中国羌族非物质文化遗产概论	2010	贾银忠	104	70	30	166
45	政策视野中的少数民族非物质文化遗产	2010	赵学义、关凯	105	69	42	0
46	非物质文化遗产的传播研究	2013	何华湘	10	68	39	32
47	新形势下中国非物质文化遗产保护与传承关键性问题研究	2017	鲁春晓	155	68	46	168
48	中国非物质文化遗产	2005	叶春生	10	62	8	0
49	非物质文化遗产保护领域社会力量研究	2017	张兆林、齐如林、束华娜	179	61	41	145
50	国外非物质文化遗产保护的经验与启示	2018	曹德明	49	60	32	91
51	非物质文化遗产保护国际学术研讨会论文集	2005	王文章	10	56	39	0
52	非物质文化遗产保护与本土经验	2009	潘年英	51	56	40	28
53	贵州非物质文化遗产研究	2009	申茂平	48	56	28	27
54	非物质文化遗产与艺术人类学	2012	中国艺术人类学学会	153	54	38	18
55	壮剧艺术与非物质文化遗产保护	2008	廖明君	15	53	23	1
56	非物质文化遗产导论	2008	覃业银、张红专	35	51	33	0
57	生生遗续 代代相承	2017	彭兆荣	5	50	25	38
58	人类非物质文化遗产代表作	2006	邹启山	0	50	24	16
59	UNESCO《保护非物质文化遗产公约》述论	2013	钱永平	97	49	30	0

续表

序号	书名	首版年	责任者	全国馆藏量	被引总频次	博硕士论文引用数	社会网络关注度
60	非物质文化遗产的法律保护体系	2014	刘红婴	172	48	35	0
61	土家族非物质文化的教育保护与传承研究	2011	谭志松	117	48	35	27
62	非物质文化遗产保护的理论与实践	2018	林青	0	42	35	0
63	非物质文化遗产研究集刊	2008	浙江师范大学浙江省非物质文化遗产研究基地	0	41	11	0
64	音乐类非物质文化遗产保护国际学术研讨会论文集	2009	田青、秦序	67	41	22	27
65	中国的世界非物质文化遗产	2011	于海广	291	41	23	0
66	非物质文化遗产与历史变迁中的地方社会	2011	马莉	214	40	30	0
67	荆楚国家级非物质文化遗产	2008	左尚鸿、张友云	94	40	28	17
68	非物质文化遗产数字化应用与教育化传承研究	2018	刘正宏	141	39	20	175
69	非物质文化遗产保护与民间文学	2014	刘守华	163	38	25	0
70	汉绣与非物质文化遗产保护论文集	2011	冯泽民	58	38	16	0
71	少数民族非物质文化遗产研究	2015	祁庆富、史晖	91	37	70	1
72	中国非物质文化遗产	2006	张庆善	0	36	8	0
73	民族自治地方少数民族非物质文化遗产的法律保护研究	2010	包桂荣	71	35	32	50
74	土家族非物质文化遗产研究	2013	谭志国	274	35	5	0
75	民间非物质文化的大学传承	2010	刘慧群	133	34	19	86
76	非物质文化遗产概论	2015	陈淑姣	0	33	22	0
77	贵州少数民族非物质文化遗产传承人保护研究	2016	陈静梅	117	33	23	147
78	回归生活	2018	陈勤建	0	33	25	86
79	民间叙事与非物质文化遗产	2012	林继富	186	33	20	6

续表

序号	书名	首版年	责任者	全国馆藏量	被引总频次	博硕士论文引用数	社会网络关注度
80	云南民族口传非物质文化遗产总目提要	2008	普学旺	43	33	12	136
81	非物质文化遗产旅游开发	2016	欧阳正宇、彭睿娟	412	32	19	0
82	甘肃非物质文化遗产概论	2014	徐凤	72	32	24	3
83	知识经济与视觉文化视野下的非物质文化遗产保护与开发	2012	白慧颖	216	32	20	0
84	非物质文化遗产保护与开发的经济学分析	2009	王松华	0	30	22	0
85	中国经验	2018	乔晓光、陈明潞	0	30	14	0
86	河南非物质文化遗产传承与产业化研究	2014	汪振军	95	29	18	41
87	扬州首批非物质文化遗产概览	2008	陆苏华	37	29	12	0
88	中国纺织类非物质文化遗产概论	2015	赵宏、曹明福	16	29	14	30
89	"后非遗"时代与生态中国之路的思考	2019	方李莉	0	28	15	0
90	非物质文化遗产保护模式创新实证研究	2014	朱祥贵	152	28	24	84
91	非物质文化遗产视野下的民俗艺术与宗教艺术	2008	黄泽	9	28	18	170
92	遗产·空间·新制序	2018	王巨山	120	28	20	172
93	非物质文化遗产保护与文化产业发展	2010	李昕	0	27	19	0
94	非物质文化遗产法律保护研究	2018	张洁	130	27	18	47
95	关中非物质文化遗产研究	2014	隋丽娜	151	27	17	29
96	论非物质文化遗产保护	2009	王文章	0	27	19	0
97	吕梁市非物质文化遗产荟萃	2010	杜旭华	44	27	19	74
98	中国非物质文化遗产资源图谱研究	2016	蔡丰明	169	27	18	1
99	四川民族地区国家级非物质文化遗产	2009	何永斌	101	26	3	0

续表

序号	书名	首版年	责任者	全国馆藏量	被引总频次	博硕士论文引用数	社会网络关注度
100	新疆非物质文化遗产代表作	2006	新疆维吾尔自治区文化厅	51	26	19	0
101	少数民族非物质文化遗产的知识产权保护模式研究	2015	穆伯祥	0	25	20	1
102	非物质文化遗产传承与艺术人类学研究	2013	中国艺术人类学学会、内蒙古大学艺术学院	62	24	14	62
103	非物质文化遗产研究集刊	2014	陈华文	65	24	11	0
104	非物质文化遗产与民俗	2012	徐华龙	106	24	16	1
105	中国非物质文化遗产保护机制研究	2016	叶鹏	199	24	20	80
106	"非遗"保护前沿问题研究	2016	马知遥、张加万、潘刚	2	23	16	1
107	AR技术与非物质文化遗产数字化开发	2017	余日季	185	23	14	47
108	非物质文化景观旅游规划设计理论与实践	2010	廖嵘	133	23	17	75
109	花腰傣服饰艺术与非物质文化遗产保护	2008	李永祥	22	23	14	0
110	少数民族非物质文化遗产法律保护研究	2015	才让塔	135	23	18	25
111	云南国家级非物质文化遗产保护的理论与方法	2012	安学斌	102	23	19	43
112	湛江非物质文化遗产	2009	邓碧泉	6	23	3	0
113	中国非遗保护启示录	2018	苑利、顾军	176	23	11	14
114	非物质文化遗产纵横谈	2007	北京市文化局等	132	22	12	74
115	湖南非物质文化遗产	2009	湖南省文化厅	0	22	13	84
116	中国的非物质文化遗产	2011	《中国的非物质文化遗产》编写组	69	22	4	1
117	非物质文化遗产	2019	满珂	0	21	2	75
118	非物质文化遗产保护国际学术研讨会(2004)论文集	2005	王文章	0	21	9	64

续表

序号	书名	首版年	责任者	全国馆藏量	被引总频次	博硕士论文引用数	社会网络关注度
119	非遗语境下的戏曲研究	2016	刘文峰	0	21	8	0
120	江苏省第一批国家级非物质文化遗产要览	2007	王慧芬	92	21	8	2
121	非物质文化遗产私权保护理论与实务研究	2016	董新中	160	20	11	53
122	土家族非物质文化遗产的学校教育传承模式研究	2015	郑娅、池永文	99	20	15	90
123	越地非物质文化遗产综论	2010	仲富兰、何华湘	254	20	10	24
124	非物质文化遗产的知识产权保护	2015	罗宗奎	183	19	14	0
125	非物质文化遗产科学保护论	2020	李荣启	78	19	9	50
126	非物质文化遗产产业化法律规制研究	2017	刘云升、刘忠平	145	18	15	13
127	非物质文化遗产数字化研究	2017	夏三鳌	166	18	9	0
128	现代化进程中的非物质文化遗产和保护	2018	王燕	116	18	15	0
129	非物质文化遗产数字化	2019	王历	117	17	11	26
130	非遗保护与湖南花鼓戏研究	2014	朱咏北	119	17	11	9
131	非遗保护与桑植民歌研究	2014	杨和平	112	17	10	10
132	江苏省国家级第二批非物质文化遗产要览	2010	王世华	119	17	12	24
133	联合国及相关国家的遗产体系	2018	彭兆荣	6	17	8	0
134	非物质文化遗产保护法	2009	齐爱民、赵敏、齐强军	2	16	11	0
135	商洛非物质文化遗产研究	2011	王思怀	0	16	2	0
136	少数民族非物质文化遗传承人法律保护研究	2017	田艳	97	16	15	1
137	体验非遗	2013	尚连山	82	16	12	10
138	新疆非物质文化遗产集锦	2009	《新疆非物质文化遗产集锦》编委会	0	16	8	26

续表

序号	书名	首版年	责任者	全国馆藏量	被引总频次	博硕士论文引用数	社会网络关注度
139	东北非物质文化遗产丛书	2018	刘铁梁、王凯旋	47	15	12	0
140	非物质文化遗产讲座	2007	张庆善	0	15	11	0
141	非物质文化遗产旅游化生存模式及风险研究	2015	李烨	178	15	10	0
142	泉州非物质文化遗产大观	2013	林育毅、谢万智	7	15	5	64
143	天柱县非物质文化遗产宝库	2009	秦秀强	18	15	2	36
144	云南少数民族非物质文化遗产研究	2009	赵学先	9	15	13	0
145	潮州市非物质文化遗产通览	2010	陈向军	11	14	4	0
146	东北三江流域非物质文化遗产	2010	王福安	0	14	7	0
147	非物质文化遗产知识读本	2010	王丕琢、张士闪	32	14	10	0
148	中国非物质文化遗产	2007	郭沫勤、孙若风	0	14	8	0
149	非物质文化遗产保护与戏曲流派传承	2009	郑长铃、蔡萌芽	6	13	8	0
150	非物质文化遗产濒危评价及数字化保护研究	2018	卢杰、李昱、项佳佳	110	13	5	43
151	非物质文化遗产柳琴戏的保护与教育传承	2011	李爱真	22	13	9	1
152	非遗保护与常德丝弦研究	2014	吴春福	115	13	10	7
153	广西非物质文化遗产精粹	2008	陈映红	10	13	4	1
154	国家非物质文化遗产薅草锣鼓	2013	左尚鸿	0	13	7	35
155	非物质文化遗产的旅游生产性场域研究	2018	马振	239	12	10	0
156	非物质文化遗产学教程	2021	黄永林、肖远平	16	12	4	0
157	非遗文化形态学	2019	王福州	71	12	4	4
158	广东传统非物质文化	2012	徐燕琳	120	12	5	1
159	黔东南非物质文化遗产集锦	2008	王平	39	12	4	0
160	北海非物质文化遗产荟萃	2010	谢振红	0	11	2	0

续表

序号	书名	首版年	责任者	全国馆藏量	被引总频次	博硕士论文引用数	社会网络关注度
161	大连市非物质文化遗产概观	2007	秦岭	0	11	3	2
162	非物质文化遗产的影像记录与呈现	2019	娜嘉·瓦伦丁希奇·弗兰	202	11	5	27
163	非物质文化遗产旅游发展战略研究	2015	石美玉	62	11	6	4
164	喀什非物质文化遗产代表作	2010	喀什地区文体局	6	11	4	0
165	少数民族非物质文化遗产的法律保护研究	2018	谭东丽	0	11	9	57
166	台江非物质文化遗产	2011	熊克武	0	11	8	0
167	行政法视野下非物质文化遗产保护研究	2012	魏磊	0	11	9	3
168	中国非物质文化的非常态研究	2008	许响洪	200	11	5	16
169	中国彝族非物质文化遗产概论	2014	施强、谭振华	0	11	9	8
170	非物质文化遗产文化品牌研究	2018	刘永明	81	10	8	28
171	非遗传承研究	2019	陆建非	5	10	6	21
172	临汾非遗	2011	张行健、高树德	4	10	6	0
173	盘县非物质文化遗产描述与研究	2009	《盘县文物与风情丛书》编委会	34	10	8	4
174	黔东南非物质文化遗产集锦	2007	黔东南苗族侗族自治州文化局	27	10	4	0
175	山东省级非物质文化遗产普及读本	2019	山东省文化厅	44	10	8	0
176	西北少数民族非物质文化遗产概览	2015	王雪、郑艳、王瑞华	156	10	5	35
177	新疆非物质文化遗产的法律保护	2013	赵虎敬	0	10	4	0
178	云南省首届非物质文化遗产学术研讨会论文集	2008	白玉宝	20	10	8	1
179	重振手工 激活民俗	2021	吕品田	89	10	3	35
180	"第二届中国非物质文化遗产保护·苏州论坛"论文集	2009	张庆善、郑长铃	5	9	5	0

续表

序号	书名	首版年	责任者	全国馆藏量	被引总频次	博硕士论文引用数	社会网络关注度
181	"非遗"保护视野下的山东梆子研究	2017	张文明	55	9	6	20
182	藏区非物质文化遗产的法制保护	2014	安静	84	9	7	0
183	产业集聚视角下的非物质文化遗产旅游发展模式	2016	朱德亮	11	9	9	0
184	非物质文化遗产保护与国民价值观培育研究	2016	魏崇周	11	9	7	17
185	非物质文化遗产与文化创意产业融合发展实践	2020	陈思琦、李佳、李雨竹	59	9	4	0
186	国际法视野下非物质文化遗产保护问题研究	2017	唐海清	0	9	7	72
187	国家级非物质文化遗产高密民艺四宝	2010	万丽	0	9	6	0
188	黔湘桂侗族非物质文化遗产跨区域保护和传承研究	2016	曾梦宇、胡艳丽	36	9	5	230
189	山西古村镇民俗与非物质文化遗产调查研究	2015	段友文	4	9	8	15
190	土家族非物质文化遗产研究	2012	黄柏权、田永红	1	9	5	0
191	武陵山片区非物质文化遗产保护与旅游利用	2014	姚小云、刘水良	0	9	6	7
192	彝族非物质文化遗产研究	2015	王俊	25	9	4	29
193	造型类非物质文化遗产概论	2017	张昕	97	9	8	15
194	非物质文化遗产保护的湖南本土经验与探索	2015	田茂军	8	8	6	0
195	非遗保护视域中的台州乱弹研究	2014	王小天	130	8	4	17
196	非遗保护与辰州傩戏研究	2016	池瑾璟	88	8	7	2
197	汉江流域非物质文化遗产保护性旅游开发研究	2017	朱运海	203	8	5	43
198	河北省非物质文化遗产项目价值与存续环境研究	2015	彭卫国	9	8	5	0
199	泉州市非物质文化遗产大观	2007	泉州市文化局、泉州新海路闽南文化保护中心	0	8	7	0

续表

序号	书名	首版年	责任者	全国馆藏量	被引总频次	博硕士论文引用数	社会网络关注度
200	体育非物质文化遗产保护的路径研究	2015	刘洋	186	8	5	90
201	体育类非物质文化遗产研究	2016	杨柳	135	8	6	27
202	舟曲非物质文化遗产保护研究	2017	闵文义	13	8	3	152
203	安徽省非物质文化遗产乡土读本	2015	安徽省非物质文化遗产保护中心	79	7	5	0
204	东莞市非物质文化遗产	2010	何环珠	6	7	3	17
205	非物质文化遗产保护	2020	戴浩飞	0	7	5	36
206	非物质文化遗产概论	2019	柯小杰、童光庆	0	7	22	0
207	非遗视域下万载"开口傩"音乐文化研究	2019	聂萌慧	26	7	5	29
208	甘肃非物质文化遗产挖掘与保护	2011	李俊霞	14	7	6	1
209	杭州市非物质文化遗产大观	2008	何平	5	7	3	0
210	陕西省非物质文化遗产高峰论坛论文集	2008	陕西省非物质文化遗产保护中心	11	7	3	0
211	我国世界遗产地民族传统体育	2019	黄义军	0	7	0	0
212	西安非物质文化遗产研究	2015	王晓如	121	7	4	71
213	新疆塔城非物质文化遗产代表作丛书	2011	张福钰编	2	7	3	0
214	兴义非物质文化遗产	2011	兴义市文化体育旅游和广播电影电视局	14	7	2	0
215	站在民众的立场上	2019	朝戈金	0	7	5	100
216	中国少数民族非物质文化遗产传承发展研究	2019	王丹	0	7	5	2
217	重庆民族地区非物质文化遗产研究	2012	李良品、彭福荣、余继平	2	7	2	21

续表

序号	书名	首版年	责任者	全国馆藏量	被引总频次	博硕士论文引用数	社会网络关注度
218	"非遗"资源的商品化传承与保护	2010	曲彦斌、张涛	1	6	2	3
219	常州国家级非物质文化遗产概览	2012	胡学琦	5	6	2	0
220	迪庆藏族自治州非物质文化遗产资料集萃	2010	迪庆藏族自治州文化馆、迪庆藏族自治州非物质文化保护中心	0	6	3	4
221	非物质文化遗产档案管理体系研究	2017	徐拥军	18	6	5	0
222	非遗保护与靖州苗族歌鼟研究	2016	杨和平	16	6	5	26
223	非遗保护与澧水船工号子研究	2014	吴远华	95	6	3	0
224	国家非物质文化遗产·汉调桄桄	2012	张昌文	0	6	1	0
225	邯郸非物质文化遗产辑粹	2009	刘裕民	0	6	2	0
226	合川非物质文化遗产概览	2016	胡中华	75	6	4	0
227	济宁非物质文化遗产集粹	2009	济宁市文化局	0	6	3	0
228	南京非物质文化遗产集萃	2008	《南京非物质文化遗产集萃》编委会	9	6	4	53
229	少数民族非物质文化遗产活态传承研究	2019	曾梦宇、胡艳丽	0	6	4	85
230	嵊州市非物质文化遗产大观	2007	夏春燕	12	6	0	0
231	首都非物质文化遗产保护	2013	北京文化论坛文集编委会	67	6	2	0
232	体育非物质文化遗产的反思与重建	2020	万义	88	6	2	17
233	天祝非物质文化遗产	2013	李占忠	0	6	4	25
234	文化对话	2017	宋俊华、比尔·艾伟、黄永林	0	6	4	37

续表

序号	书名	首版年	责任者	全国馆藏量	被引总频次	博硕士论文引用数	社会网络关注度
235	乌江流域非物质文化	2008	戴伟、李良品、丁世忠	6	6	1	0
236	新疆非物质文化遗产百问	2010	楼望皓、马迎胜、姜新建	8	6	3	4
237	云南少数民族非物质文化遗产保护与开发研究	2019	张魏	74	6	4	96
238	"非遗"视野下的湖南地方传统音乐文化研究	2014	李虹	52	5	4	128
239	常州市非物质文化遗产集萃	2011	许建荣、沈红球	0	5	0	0
240	德昂族非物质文化遗产保护与民族村寨旅游	2014	周灿	7	5	2	0
241	非物质文化遗产	2014	杨俊清	0	5	2	75
242	非物质文化遗产档案资源建设"群体智慧模式"研究	2019	周耀林	0	5	2	15
243	非物质文化遗产资源图谱编制理论与方法	2020	蔡丰明	130	5	4	0
244	鼓车道	2022	王若光	51	5	0	22
245	海南省少数民族非物质文化遗产论坛文集	2013	王建成	8	5	4	0
246	湖北非物质文化遗产保护现状调查	2017	周耀林	17	5	3	0
247	集粹,承德非物质文化遗产	2012	郑晓东、高思文、孔令春	0	5	1	0
248	江苏百种非遗	2012	李昕	111	5	1	0
249	井陉非物质文化遗产	2011	马佶、柳敏和、张树林	2	5	2	5
250	凉山彝族毕摩文化的非物质文化遗产性及法律保护机制研究	2010	谢世廉	27	5	5	0
251	闽台农业非遗开发与文化产权分析	2015	刘芝凤	86	5	2	124
252	泉州非物质文化遗产保护60年	2010	龚万全	16	5	5	40
253	山东省非物质文化遗产精粹	2007	李宗伟	0	5	5	0

续表

序号	书名	首版年	责任者	全国馆藏量	被引总频次	博硕士论文引用数	社会网络关注度
254	深圳市第一批市级非物质文化遗产名录	2008	深圳市文化局、深圳市非物质文化遗产保护中心	11	5	2	0
255	手工开悟	2022	杨慧子	58	5	3	8
256	孝义非物质文化遗产专辑	2008	政协孝义市委员会	11	5	4	0
257	扬州民间美术类非物质文化遗产研究	2013	王莲、王秀	1	5	2	0
258	依托村寨保护少数民族非物质文化遗产研究	2019	张卫民	22	5	2	19
259	中国少数民族非物质文化遗产调查研究	2019	色音	95	5	2	36
260	中山市非物质文化遗产	2008	郑集思	0	5	1	1
261	走进福州非遗	2015	池小霞	74	5	3	64
262	走近非遗	2018	聂羽彤	155	5	5	69
263	北京传统技艺类非物质文化遗产旅游活化与消费者参与研究	2017	石美玉	0	4	1	0
264	场域视角下文化生态保护区建设研究	2017	邓小艳	102	4	3	95
265	传承与发展	2021	徐艺乙	0	4	2	0
266	传统守望	2018	邓尧	0	4	1	5
267	传统医药非物质文化遗产保护理论与实践	2020	王凤兰等	52	4	3	23
268	当阳非物质文化遗产集萃	2011	杨亚平	0	4	4	0
269	迪庆藏族自治州非物质文化遗产保护名录	2010	迪庆藏族自治州文化馆、迪庆藏族自治州非物质文化保护中心	0	4	3	0
270	非物质文化遗产旅游开发系统的动态仿真研究	2014	张魏	118	4	1	0

续表

序号	书名	首版年	责任者	全国馆藏量	被引总频次	博硕士论文引用数	社会网络关注度
271	非物质文化遗产数字化保护与传播研究	2009	彭冬梅	0	4	1	130
272	非物质文化遗产学教程	2009	苑利	0	4	4	0
273	非遗保护与研究	2015	孙桂林	6	4	3	0
274	桂滇黔少数民族特色村寨体育非物质文化遗产活态传承研究	2020	陈炜、文冬妮	65	4	2	4
275	河北省民族传统体育非物质文化遗产保护与传承研究	2020	王海军	113	4	1	0
276	河南非物质文化遗产报告	2014	王日新	10	4	2	0
277	淮海地区非物质文化遗产概论	2017	张新科	121	4	1	26
278	荆楚百件非物质文化遗产	2007	周至、吴艳荣	0	4	3	0
279	口述史视野下的贵州省音乐非物质文化遗产传承人及其音乐研究	2019	王建朝、单晓杰	72	4	2	39
280	岭南非物质文化遗产保护研究	2013	雷莹	91	4	2	0
281	摩梭非物质文化遗产研究	2017	李锦	26	4	2	211
282	宁波非物质文化遗产创意产业化研究	2017	陈万怀	65	4	3	30
283	宁夏非物质文化遗产研究	2012	武宇林、靳宗伟、雷侃	7	4	2	0
284	青少年非物质文化遗产教育	2007	汪琪、李洁	4	4	3	0
285	泉州非物质文化遗产资源实录	2017	泉州市文化广电新闻出版局	2	4	2	0
286	萨满艺术非物质文化遗产研究	2018	陈佳	132	4	4	90
287	绍兴市非物质文化遗产读本	2007	绍兴市文化广播电视新闻出版局	0	4	2	0
288	四川非物质文化遗产保护与开发研究	2011	赵丽丽、南剑飞	0	4	0	0
289	四川非物质文化遗产民间文学艺术集录	2011	李渊强	13	4	2	0

续表

序号	书名	首版年	责任者	全国馆藏量	被引总频次	博硕士论文引用数	社会网络关注度
290	文创理念与非物质文化遗产传承及发展	2021	黄晓洲	103	4	2	17
291	玉溪市非物质文化遗产丛书	2007	玉溪市文化局	58	4	1	0
292	云南省少数民族体育非物质文化遗产保护与传承研究	2016	刘坚	76	4	2	3
293	中国哈萨克族非物质文化遗产研究	2009	库兰·尼合买提	0	4	1	0
294	舟曲非物质文化遗产保护研究	2016	闵文义	0	4	3	152
295	周口非物质文化遗产概谈	2013	徐程	0	4	1	0
296	非物质文化遗产传承与保护	2012	龚珍旭、童光庆	0	3	0	0
297	非物质文化遗产旅游开发的理论与实践	2021	阚如良	71	3	2	64
298	非物质文化遗产学	2013	王肃元	0	3	0	0
299	非物质文化遗产学术精粹	2020	彭牧	0	3	0	74
300	非物质文化遗产与当代文化建设	2013	张仲谋	19	3	0	0
301	非遗保护与湘昆研究	2016	吴春福	92	3	1	14
302	非遗教育研究	2020	钟朝芳	0	3	3	0
303	甘肃非物质文化遗产	2012	王万平	0	3	3	0
304	古堰画乡非遗保护与旅游开发	2017	田中娟	19	3	3	12
305	国际唐卡艺术及非物质文化遗产保护青海论坛论文集	2009	王能宪、曹萍	73	3	3	0
306	湖南非物质文化遗产知识产权保护研究	2017	何炼红	67	3	2	18
307	黄冈市非物质文化遗产精萃	2012	张晓林	0	3	0	0
308	辽宁非物质文化遗产保护研究	2012	戚永哲	0	3	1	0
309	青海文化	2018	才让措	0	3	3	70
310	人类非物质文化遗产	2012	中华妈祖文化交流协会等	0	3	3	0
311	身边的非物质文化遗产	2006	郑宏尖	5	3	3	0

续表

序号	书名	首版年	责任者	全国馆藏量	被引总频次	博硕士论文引用数	社会网络关注度
312	拾遗稿缄	2019	吴露生	56	3	1	5
313	台州非物质文化遗产通俗读本	2016	汪小倩	53	3	2	98
314	武陵地区非物质文化遗产传承人发展困境及对策研究	2019	余继平	9	3	1	0
315	西藏非物质文化遗产传承人口述实录	2017	张蕊	63	3	2	29
316	鲜活的社会记忆	2020	滕春娥、王萍	111	3	1	10
317	张家港市非物质文化遗产要览	2011	陈世海	8	3	1	20
318	中国海洋非物质文化遗产十六讲	2019	倪浓水	82	3	1	1
319	北海市非物质文化遗产荟萃	2011	李勇	0	2	1	0
320	北京市非物质文化遗产项目论证报告集	2007	石振怀	0	2	2	0
321	当戏曲成为"非遗"	2013	沈勇	10	2	0	0
322	德清县非物质文化遗产大观	2009	德清县文化广电新闻出版局	11	2	1	0
323	东南亚非物质文化遗产研究	2016	王红	9	2	0	0
324	都江堰市非物质文化遗产概览	2014	蒋永志、黄莉	17	2	0	0
325	非物质文化遗产保护视野下的禹州钧瓷技艺传承研究	2014	谢一菡	1	2	1	0
326	非物质文化遗产法概要	2011	河山、肖水	0	2	16	1
327	非遗保护与湘剧研究	2016	吴远华	0	2	1	0
328	贵州非物质文化遗产保护与产业开发研究	2013	曾芸	2	2	2	110
329	黑龙江省非物质文化遗产概论	2010	牟维珍、孟宪凤	0	2	2	37
330	淮安非物质文化遗产通览	2012	淮安市文化广电新闻出版局	0	2	1	0
331	淮安非物质文化遗产通览	2010	淮安市文化广电新闻出版总局	0	2	1	0

序号	书名	首版年	责任者	全国馆藏量	被引总频次	博硕士论文引用数	社会网络关注度
332	江苏省非物质文化遗产保护优秀论文集	2016	吴晓林	4	2	1	0
333	锦州市非物质文化遗产概览	2012	李侠	0	2	1	14
334	酒泉非物质文化遗产	2014	贾其全	21	2	1	0
335	辽宁非物质文化遗产解读	2012	于荣全、李亚冰	20	2	2	0
336	罗江县非物质文化遗产集成	2009	赖安海、曾家华	2	2	1	0
337	吕梁非物质文化遗产荟萃	2015	孙晋军	0	2	1	0
338	蒙古史诗的非物质文化价值研究	2015	关金花	8	2	2	59
339	南京市江宁区非物质文化遗产荟萃	2009	南京市江宁区文化局	2	2	2	18
340	内蒙古自治区第一批自治区级非物质文化遗产名录图文集	2015	乔玉光、额尔敦毕力格	5	2	2	0
341	青城古镇非物质文化遗产概览	2012	陶明东、柴银萍	11	2	1	2
342	山东非物质文化遗产研究	2013	仝晰纲	4	2	2	0
343	汕头市非物质文化遗产大观	2010	汕头市非物质文化遗产保护中心	17	2	1	0
344	沈阳非物质文化遗产普查文集	2010	房伟	2	2	2	0
345	武威非物质文化遗产概览	2012	孟世祖、罗文擘	2	2	0	11
346	西部非物质文化遗产对外交流研究	2016	李锐	118	2	1	73
347	中原非物质文化遗产产业化的法律调控研究	2016	李芳芳	0	2	1	0

附录 2: 参考文献

[1] 贺学君.1993年民间传说研究概述[J].民俗研究,1994(3):83-86.

[2] 朱刚.联合国教科文组织保护非物质文化遗产的学术史考释——基于从马拉喀什会议到《"代表作"计划》的演进线索[J].民俗研究,2020,(05):5-12+157.DOI:10.13370/j.cnki.fs.2020.05.002.

[3] 康保成.中国非物质文化遗产保护发展报告（2012）[M].北京：社会科学文献出版社.2012.

[4] 宋俊华.中国非物质文化遗产保护发展报告（2014）[M].北京：社会科学文献出版社.2014.

[5] 罗微,张勍倩.2017年度中国非物质文化遗产保护发展研究报告[C].中国艺术研究院·中国非物质文化遗产保护中心,2018:28.DOI:10.26914/c.cnkihy.2018.004876.

[6] 罗微,张勍倩.2017年度中国非物质文化遗产保护发展研究报告[C].中国艺术研究院·中国非物质文化遗产保护中心,2018:28.DOI:10.26914/c.cnkihy.2018.004876.

[7] 吴彬.创建非物质文化遗产传承人才培养立体教育体系的构想[J].神州民俗(学术版),2012,(06):14-16.

[8] 2023年中国非物质文化遗产学术研究成果概观.青海非遗在线[EB/OL](2024-07-08).http://qhfy.org.cn/nd.jsp?id=303

[9] 向云驹.论非物质文化遗产学学科建设的方向与路径[J].中央民族大学学报(哲学社会科学版),2021,48(03):91-100.DOI:10.15970/j.cnki.1005-8575.2021.03.010.

[10] 朱刚.作为认识论和方法论的非物质文化遗产[J].民俗研究,2023,(06):55-68+153-154.DOI:10.13370/j.cnki.fs.2023.06.004.

[11] 宋俊华,王辉.非物质文化遗产保护的规范与创新[J].民族艺术研究,2023,36(05):90-98.DOI:10.14003/j.cnki.mzysyj.2023.05.09.

[12] 裴齐容,张骁鸣.非物质文化遗产传承.传播及其与地方关系的重构[J].文化遗产,2023,(04):31-39.

[13] 周福岩.非遗传承与社区参与——基于伦理学的视角[J].民俗研究,2023,(06):69-81+154.DOI:10.13370/j.cnki.fs.2023.06.003.

[14] 马知遥,刘旭旭.中国非遗著作研究述评[J].贵州大学学报（艺术版）,2018,32(04):71-78+107.DOI:10.15958/j.cnki.gdxbysb.2018.04.012.

[15] 苑利,顾军.非物质文化遗产学学科建设需要回答的几个问题[EB/OL].(2022-04-29).https://www.ihchina.cn/luntan_details/24919.html.

[16] 潘鲁生,王佳.文化遗产与文化遗产学学科建设[J].民俗研究,2023,(01):18-25+156.DOI:10.13370/j.cnki.fs.2023.01.015.

[17] 罗正副.中国非物质文化遗产体系的探索与建设：读《生生遗续代代相承——中国非物质文化遗产体系研究》[J].中国非物质文化遗产,2022,(06):124-128.

[18] 彭兆荣.非物质文化遗产：名实.界域与方法[J].中国非物质文化遗产,2023,(03):6-13.

[19] 杜晓帆.科学构建文化遗产保护传承体系[J].人民论坛,2023,(09):103-106.

[20] 覃榆翔.挑战与因应：著作权法对非物质文化遗产数字化成果的适配路径[J].云南民族大学学报（哲学社会科学版）,2023,40(02):140-150.DOI:10.13727/j.cnki.53-1191/c.20230302.003.

[21] 赵云海,刘瑞.数字化时代非物质文化遗产知识产权保护实践反思[J].文化遗产,2023,(02):10-18.

[22] 聂鑫.非物质文化遗产的知识产权保护及其边界研究[J].文化遗产,2023,(03):24-33.

[23] 薛可,郭斌.中国非物质文化遗产数字传播研究报告（2018-2022年）[M],上海交通大学出版社,2023

[24] 林加. 传播与传承：非物质文化遗产短视频的创新发展路径[J]. 中国编辑,2023,(05):98-103.

[25] 杨红. 非物质文化遗产数字化传播的意义更新与趋势分析[J]. 中国非物质文化遗产,2023,(05):102-107.

[26] 马进,张彤彤,钱晓松,等. 人工智能在非物质文化遗产保护与传承中的应用研究现状[J]. 包装工程,2023,44(08):1-14+36.DOI:10.19554/j.cnki.1001-3563.2023.08.001.

[27] 何明,袁恩培. 中国数字景观技术对非物质文化遗产的保护运用与发展态势研究[J]. 西南大学学报(自然科学版),2023,45(05):185-194.DOI:10.13718/j.cnki.xdzk.2023.05.017.

[28] 高俊山. 非物质文化遗产赋能乡村振兴的路径选择——基于湖南湘西州的调查分析[J]. 中南民族大学学报(人文社会科学版),2023,43(09):78-85+184.DOI:10.19898/j.cnki.42-1704/c.20230911.10.

[29] 鄢继尧,赵媛,郭宇,等. 中国非物质文化遗产空间分异及与旅游融合发展研究[J]. 地理与地理信息科学,2023,39(04):86-95.

[30] 李朦君,张柯焱,周扬. 乡村"非遗+旅游"产业融合创新发展研究——以山西代县杨家将文化遗产为例[J]. 晋阳学刊,2023,(06):120-125.DOI:10.16392/j.cnki.14-1057/c.2023.06.009.

[31] 林海聪. 非物质文化遗产保护与红色旅游相互融合的韶山模式[J]. 文化遗产,2023,(03):51-57.

[32] 2021年新闻出版产业分析报告[R]. 新闻出版总署,2021

[33] 中华人民共和国统计局. 中国统计年鉴[M]. 北京：中国统计出版社,2023.

[34] 邢欣. 学科视角下学术图书影响力的比较研究[D]. 武汉大学,2020:24

[35] 次雨桐等. 引文视角下论文学术影响力评价研究综述[J]. 图书馆工作与研究,2023(12):31-40

[36] 伍军红等. PCSI：一种单篇论文被引频次标准化方法[J]. 图书情报工

作,2020(23):22-30.

[37] 什么是领域权重引用影响力(FWCI)[EB/OL].[2023-11-14].https://cn.service.elsevier.com/app/answers/detail/aid/16215/supporthub/scopus/kw/.

[38] 舒予,张黎俐.时序动态视角下的学术影响力评价方法及实证研究[J].现代情报,2017(11):74-80,86.

[39] 刘运梅,李长玲,冯志刚,等.改进的p指数测度单篇论文学术质量的探讨[J].图书情报工作,2017(21):106-113.

[40] 何春建.单篇论文学术影响力评价指标构建[J].图书情报工作,2017(4):98-107.

[41] Garfield E.Citation analysis as a tool in journal evaluation[J].Science,1972,178(4060):471-479.

[42] Jackson P.Eigen. factor and article influence scores in the journal citation reports[J].On line information Review,2010,34(2):339-347.

[43] 赵蓉英,魏绪秋.引证视角下的国内学术论文影响力评价－以CNKI中国引文数据库为例[J].情报理论与实践,2017(8):55-60.

[44] 谢瑞霞,李秀霞,赵思喆.基于时间异质性和期刊影响因子的论文学术影响力评价指标[J].情报杂志,2019(4):105-110.

[45] 潘鲁生.非物质文化遗产学与人才培养定位[EB/OL](2024-03-07).中国非物质文化遗产 https://www.ihchina.cn/art/detail/id/29037.html

[46] 向云驹.论非物质文化遗产学学科建设的方向与路径[J].中央民族大学学报(哲学社会科学版),2021,48(03):91-100.DOI:10.15970/j.cnki.1005-8575.2021.03.010.

[47] 马知遥,刘旭旭.中国非遗著作研究述评[J].贵州大学学报(艺术版),2018,32(04):71-78+107.DOI:10.15958/j.cnki.gdxbysb.2018.04.012.

[48] 中国艺术研究院.非物质文化遗产概论(第四版)[EB/OL.](2023-07-25)https://www.zgysyjy.org.cn/monograph_detail/10613.html

[49] 乌丙安.非物质文化遗产理论研究的奠基石——评王文章主编《非物质文化遗产概论》[J].艺术评论,2007(3).

[50] 王淼. 实施乡村振兴战略非遗该做什么[J]. 中国文化报, 2018(04).

[51] 朱佳, 宋俊瑶. 一则迟到的书评——十三年后再读〈非物质文化遗产学〉. 中国非物质文化遗产[J], 2022(1), 125-128.

[52] 罗正副. 中国非物质文化遗产体系的探索与建设[EB/OL](2024-01-24). 中国非物质文化遗产网, https://www.ihchina.cn/luntan_details/28942.html

[53] 高艳芳. 重审中国非物质文化遗产研究20年[J]. 理论月刊, 2024(6):105-114.